超マクロ展望
世界経済の真実

水野和夫
Mizuno Kazuo
萱野稔人
Kayano Toshihito

a pilot of wisdom

目次

第二章　資本主義の歴史とヘゲモニーのゆくえ

なぜ日本のバブルはいち早く八〇年代に起こったのか
米ソ冷戦のなかの日本のバブル
想定されていた前川レポートの内需拡大路線の帰結
日本の先行性

第五章　日本はいかに生き抜くべきか

――極限時代の処方箋――

経済成長モデルの限界と財政赤字
ギリシャ財政危機の教訓
かつてのスペイン帝国も古いシステムに固執して崩壊した
リフレ派の誤り
インフレ時代の終焉
「先進国総デフレ化時代」の到来
日本の銀行が国債を買えなくなる日
人民元自由化が財政再建のタイムリミット

構成／斎藤哲也　図表作成／テラエンジン

はじめに――市場経済だけで資本主義を語るエコノミストたちへ

萱野　まずはこの対談の趣旨を簡単に説明しておきましょう。

二〇〇八年のリーマン・ショック以降、サブプライムローン問題や金融危機の原因について、さまざまなことがいわれました。論者によって、今回の金融危機を一時的なバブル崩壊の問題として説明する人もいれば、資本主義の転換点という見方をする人もいます。

私と水野さんの立場は、どちらかといえば後者に近いでしょう。〇八年に起きた金融危機は、一過性の問題ではなく、近代資本主義システムが行き着くところまできたことを示す兆候なのではないか。そういった問題意識が私たちのあいだにはあります。

私は哲学や社会理論を専門にしており、これまでいくつかの著作で国家や暴力の問題について論じてきました。そこには、資本主義と国家の関係をどのように考えるべきか、という問題意識も込められています。そういった私の観点からすると、昨今の経済問題をめぐる議論には、「国家」というファクターがひじょうに希薄だったように感じています。

たとえば今回の金融危機では、アメリカの多くの金融機関に公的資金が注入されました。あれほど「国家は市場から撤退すべきだ」と主張していた金融機関も、いざというときには国家に頼らざるをえない。もし市場が単独で資本主義を形成しているのであれば、こうした公的資金の注入は必要なかったはずです。しかし実際には、金融市場の危機は国家によって肩代わりされ、その結果、いまのソブリン・リスク（国家財政に対する信用危機）にみられるように、もっと大きなシステムの危機へと拡大しつつある。そうした時代状況のなか、市場のことしか見えていない経済学者やエコノミストの議論はどこまで妥当性をもつのでしょうか。

エコノミストのなかでも、水野さんが提示されている議論はひじょうに特異です。『人々はなぜグローバル経済の本質を見誤るのか』などのご著書を拝読すると、水野さんは現在の資本主義の問題を、国家もふくめた大きな歴史的パースペクティブのもとでとらえていらっしゃる。

もちろんお互いの力点は違います。同じ資本主義システムに対して、私は国家論や暴力論の観点から理論的にアプローチするのに対して、水野さんは市場における実際の動きから出発して、それを大きな歴史分析へと広げていくというアプローチをとっています。

そこでこの対談では、お互いの論点を出し合いながらすり合わせていくことで、より重層的に資本主義というものを考察していきたいと思います。中心にくる問いは、資本主義とはそもそもどのようなものか、私たちは現在どのような歴史的状況にいるのか、資本主義経済はこれからどこへいくのか、そしてそのなかで日本経済はどういう方向にむかっていくべきか、といったものになるでしょう。

水野　私は、いま萱野さんがおっしゃったように、金融危機を経た現在の世界を、ちょうど中世封建制から近代資本制が誕生したときと同じような、大きな時代の転換点にあるものと考えています。

私は証券会社に入ってから、来る日も来る日もマクロ経済の分析をしてきました。さまざまなデータとにらめっこしながら、GDPや為替《かわせ》の予測、景気の見通しなどについてレポートを作成したり、金融機関やマスコミの質問に答えたりするのが私の仕事です。

そんななか、私は近代マクロ経済学の教科書を読んでも説明できないような現象にいくつも直面してきました。たとえば金利の問題です。すでに一〇年以上も日本の国債は超低金利の状態にありますが、当初は一九九七〜九八年に日本を襲った金融危機が去れば金利はまた上がるだとか、「質への逃避」によってたまたま国債利回りが低下しているだけだとかいわれていたのです。しかし九九年一月を底に景気が回復に転じても、さらに、二〇〇二年一月からの戦後最長の景気回復が実現しても、一向に金利が上がる気配はない。

デフレの問題も同様です。経済学の正統派を名乗るエコノミストや経済学者たちはこぞって、量的緩和をすればデフレから脱却できると主張しています。しかし、日銀が一〇年以上にわたって量的緩和をしているにもかかわらず、デフレは止まっていません。挙句の果てに彼らは日銀に「やる気」がないからだと強弁しはじめました。本来なら、正統派とされる経済学の見直しこそ必要なはずなんですが。

このように、既存の経済学や金融理論だけでは解決できない問題にいまの時代は直面しています。そこで私は、一見投資とは関係のない、歴史学者のフェルナン・ブローデルや世界システム論で知られるイマニュエル・ウォーラーステインなどの、歴史書や思想書を読みはじめたのです。

そうした読書のなかで私は萱野さんの『国家とはなにか』とも出会い、近代の資本主義システムをとらえなおすうえでたいへんな刺激を受けました。ですから私は、この対談をつうじてさらに認識を深めることができればと、ひじょうに期待しております。

第一章　先進国の超えられない壁

▼資源価格の高騰という問題

萱野　では、さっそく議論をはじめたいと思います。さきほど私は、資本主義のとらえ方そのものを見直していかないと、現在私たちが直面している状況を理解できないのではないか、ということを問題提起したのですが、水野さんはこれについてどのようにお考えでしょうか？

水野　いきなり大きな問いをあたえられてどう答えようか逡巡《しゅんじゅん》してしまいますが、萱野さんがおっしゃるとおり、経済界における多くの議論はこれまで、資本主義経済における諸問題を主として市場をつうじて解決できると考えてきたように見受けられます。しかし、たとえば現在の日本経済がおかれた状況を分析する場合ですら、市場のことだけをみていては実態がつかめないのではないかと思います。

というのも、萱野さんが『国家とはなにか』で論じているように、資本主義経済のなかにはすでに国家が組み込まれているからです。私は萱野さんの一連のご著書を読んで、資本主義経済の分析には国家をはじめとする政治的なものについての考察が不可欠だということをあらためて認識しました。市場の外で作用している「力」を考えないと、資本主義経済のなかで生じている事象は理解できません。

その典型的な例が資源価格の高騰です。第一次オイル・ショック以降、鉱物性燃料の輸入代金がもっとも少なかったのは一九九四年でした。九四年の原油価格は一バレル一七・二ドルで、日本は全体として年間四・九兆円払えば原油や天然ガスなど鉱物性燃料を買えました。ところが二〇〇八年には、年間平均でいうと一バレル九九ドル、一時は一四七ドルまで上昇して、日本は二七・七兆円を出さないと同じ量の原油や天然ガスなどの鉱物性燃料を買えなくなってしまいました。二二・八兆円も余分に払わないといけなくなったのです。

ここまで資源価格が劇的に変化したのはなぜか。そこには、先進国と新興国とのあいだの政治的な力が強く働いています。九〇年代前半までは、多少の資源価格上昇ならば、自動車やパソコンなどの製品を値上げすることで、大きなダメージを受けずに収束していったのですが……。

萱野　資源価格の上昇を製品価格に反映させることによって相殺させるということですね。

しかしいまや、それができなくなってきてしまった。

水野　そうです。それができたのは、グローバル化以前は、先進国は先進国に対して輸出していたからです。もちろん日本からたとえばサウジアラビアに自動車を輸出したりもしていましたが、ボリューム的にはやっぱりアメリカやヨーロッパに輸出するほうが圧倒的に大きかった。

そういった状況では、資源価格の高騰は先進国に共通な現象なので、日本でインフレになっていればアメリカでも同様に一〇〇万円の自動車がたとえば二〇〇万円になりますから、一〇ドルの原油が二〇ドルになっても何事もなかったようにおさまってきたのです。もちろん七〇年代や八〇年代でも、資源価格があまりに高騰しすぎるとインフレがいきすぎてしまいますから、各国の中央銀行は金融引締めによって景気過熱をおさえなくてはならなくなり、結果的に不況を招来してしまうことにはなりました。

ところが、二〇世紀末からはじまった資源価格の高騰は、そういった次元では対処できない段階に入ってしまいました。新興国の台頭によって、エネルギーをタダ同然で手に入れることを前提になりたっていた近代社会の根底が揺さぶられているのです。

萱野　すごく重要なポイントですね。

資源価格の高騰が何を意味するのかというと、新興国の台頭によって先進工業国がいままでのように安く資源を買い叩くことができなくなったということですね。もちろんそこには投機マネーの流入などの要因も働いています。しかし、構造的な帰結ということを考えるなら、そこでは、先進国が自分たちの利益を最大化するために石油などの資源を安く買い叩くという構造がなくなってしまった、ということが重要ですね。

▼交易条件からみた世界資本主義のかたち

水野　やはりそこを指摘なさいますね。おそらく萱野さんであれば、国家間の「力」の問題を指摘なさるのではないかと思っていましたので、今日は萱野さんにどうしても見ていただきたくて、その変化を説明する「交易条件」の推移をまとめたデータをもってきました。

萱野　「交易条件」というのは、先進国と周辺国のあいだの交易条件ということですか?

水野　はい、そうです。定義を簡単に説明すると、「交易条件」とはどれだけ効率よく貿易ができているかをあらわす指標です。たとえば資源を安く手に入れて、効率的に生産した工業製品を高い値段で輸出すれば儲《もう》かりますよね。逆に、高い値段で資源を手に入れた場合、製品に価格転嫁できなければ儲けは薄くなります。

萱野　会社でいうと仕入れと販売の関係ですね。企業が儲けるためには、安く仕入れて高く売る。

水野　そうです。それを国単位で見るのが交易条件で、輸出物価を輸入物価で割ることで計算できます。これは国家として見た場合に、一製品あたりどれくらい利ざやを得ているかをあらわしています。

というわけで、図1を見てもらえますか。これは、二〇世紀後半から現在まで先進国と途上国でどのように交易条件が変化してきているかを示したものです。

萱野　七〇年代あたりから先進国の交易条件は下落傾向に、途上国は改善傾向にありますよね。

水野　そうなんです。統計の制約上一九五八年以降しかグラフには入っていませんが、新興国や途上国などの周辺国では、東インド会社の時代から一九六〇年代まで交易条件は下

図1　交易条件（先進国VS.途上国）の変化

2005年を100としたときの交易条件（＝輸出物価/輸入物価）の推移

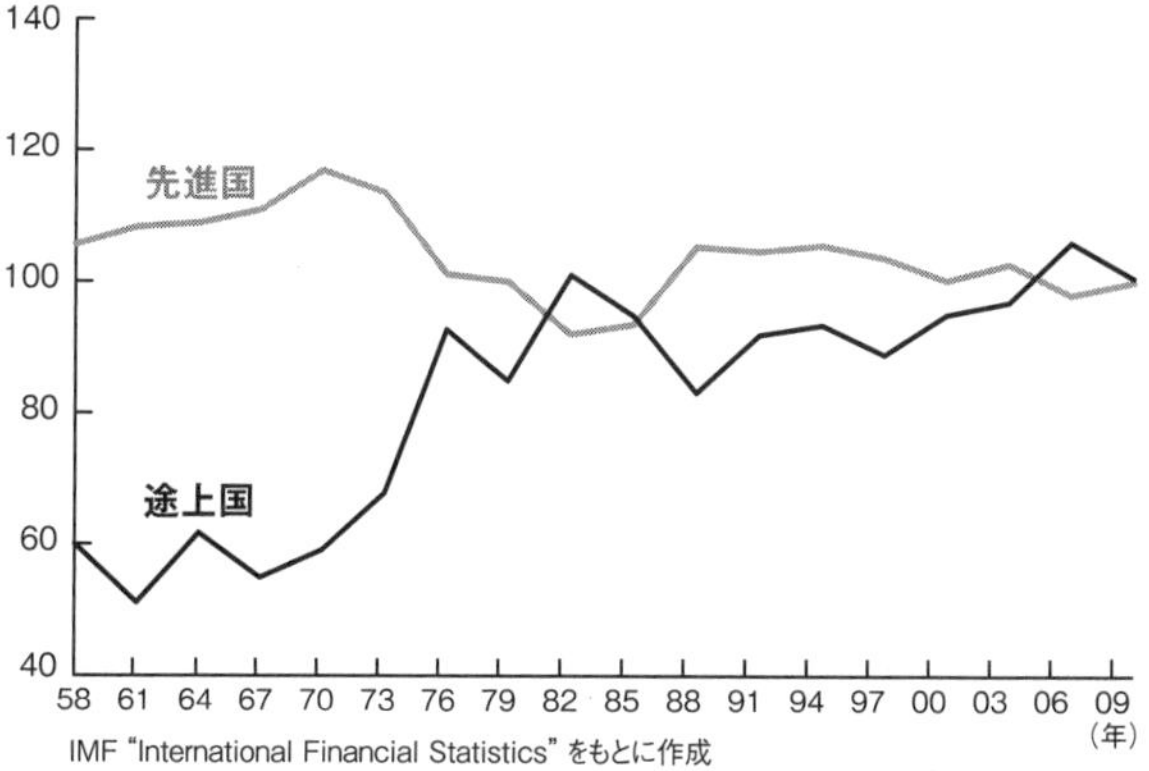

IMF "International Financial Statistics" をもとに作成

がりつづけました。先進国が安く原材料を仕入れて高く完成品を売る一方で、周辺国は高い工業製品を買って安い原油を売る。会社で一〇〇年もこんなことをやっていれば……。

萱野　絶対に破産しますね。

水野　とりわけ第一次オイル・ショック（一九七三年）を契機として、新興国、資源国の交易条件は急速に改善していきました。反対に先進国の交易条件は悪化しました。そしてご指摘のように、先進国の企業が儲からなくなったということです。

萱野　つまり、先進国は資源を安く買い叩くことができなくなって、モノをつくって輸出しても儲けがどんどん減ってきてしまったと。

そのことが数字で如実にあらわれているということですね。

▼景気がよくなっても所得が増えない理由

水野　こうした交易条件の変化を押さえると、一見不可思議に思われる経済現象に説明がつくのです。

萱野　どんなことでしょう？

水野　リーマン・ショックの前、日本では〇二年から〇七年の六年間にわたっていざなぎ景気を超える長期の景気拡大が実現しましたが、にもかかわらず国民の所得は増えませんでした。それは、交易条件が悪化したことで原材料費が高くついてしまうようになったため、売り上げが伸びても人件費にまわせなくなったからです。

売上高の中身は変動費と固定費と利益の三つしかありません。一般的に、原材料費は変動費であり、人件費は固定費です。日本では、九五年度から〇八年度にかけて、大企業製造業の売上高が四三兆円増えました。ところが変動費は五〇兆円も増えてしまっています（財務省「法人企業統計季報」のデータをもとに算出）。

ということは変動費が増えた分、どこかが削られているわけです。それがどこかというと、固定費の人件費や営業利益ですね。九五年度という年は、第一次オイル・ショック以降でもっとも売上高変動費比率が下がった年です。しかも、九五年度の売上高変動費比率は一九七三年以前の水準にまで下がったのですから、この時点で日本企業はオイル・ショックを克服したことになるのですが、九五年度以降おきた資源高はその努力を吹き飛ばしてしまったのです。

萱野　九〇年代半ば以降というと、日本では派遣社員や契約社員などの非正規労働者が急増した時期ですね。一般的には、この時期における企業の人件費カットは、日本が「失われた一〇年」といわれる特殊な不況に落ち込んだせいだと説明されます。しかしそうではなく、もっと構造的な要因があるということですね。つまり、資源価格の高騰によって景気と所得が分離されてしまったと。

水野　そうですね。まず、所得が上がらない理由が不況にあるというのは、事実としておかしい。たしかに九〇年代に日本経済は不況に見舞われましたが、それだけでは景気回復期においても賃金が上がらなかったことの説明がつきません。

図2　景気の変動と一人あたり賃金

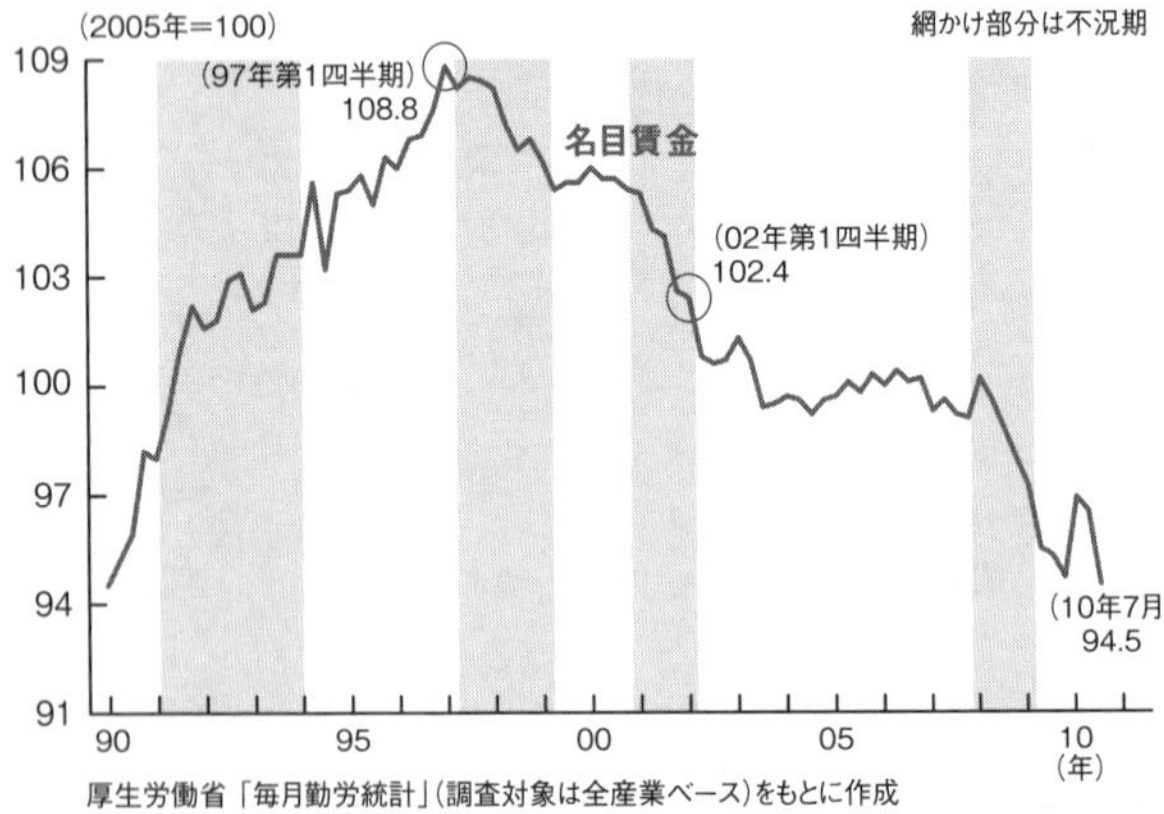

厚生労働省「毎月勤労統計」(調査対象は全産業ベース)をもとに作成

図2は一人あたりの賃金水準をあらわしたものですが、白い部分は景気回復期、網かけの部分は不況期です。

不況で賃金が下がるというのは、ある程度やむをえない。やむをえないといっても、実際には日本では、九三年までは不況下でも賃金が下落することはありませんでした。賃金が初めて下落したのは九七年から九九年までの不況だったのです。それ以前は、第一次オイル・ショックの終息後、九三年まで不況期は四回あったのですが、賃金は平均して年率四・一%上がっています。景気がいい時期だと、年五・二%上がっていたのです。要するに、賃金は不況も好況も関係なくほぼ同じ率で上昇していたのです。

しかし、九七年から賃金は、景気が良くても悪くても趨勢的《すうせいてき》に下がるようになりました。そして、九九〜〇一年にはインターネットブームで景気が拡大するのですが、賃金はさほど上がりませんでした。ネットバブル後の不況になると、九七年の不況と同じように賃金は下落します。ついには、〇二〜〇七年に戦後最長の景気拡大が実現しても、賃金水準は上がるどころか下落したのです。景気回復期で賃金が下落したのは戦後で初めてのことでした。

これは、景気が回復することと所得が回復することが別々の問題になっているということを意味しています。これまでだったら生産と所得と支出はちゃんと連結されていました。しかしいまや、それらが切り離されてしまった。

萱野　この図を見ると、その傾向は〇二年以降の構造改革期にとりわけ顕著ですね。

水野　ええ。さらにこれは日本だけの現象ではありません。図3は、日本とアメリカで、売上高が一％増えたときに、人件費がどのくらい変化するのかを示したものです。一・〇の水準に数値が近づくほど、生産が一％増えれば人件費も同じように増えるということで

図3　日米の人件費の弾性値(対売上高)

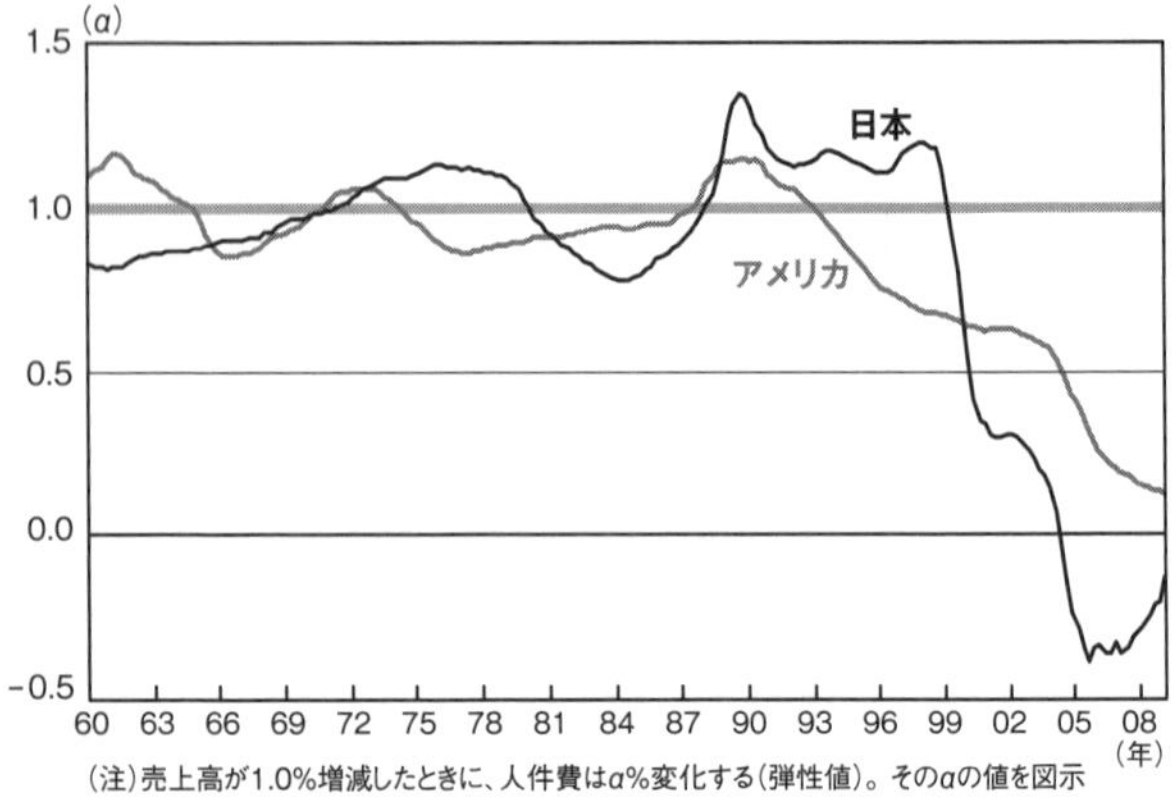

(注)売上高が1.0%増減したときに、人件費はα%変化する(弾性値)。そのαの値を図示
財務省「法人企業統計季報」、アメリカ商務省"Quarterly Financial Report"をもとに作成

す。

萱野　一・〇の水準に近くなるほど、生産と所得が連動しているということですね。

水野　そうです。これを見ると、アメリカでは九〇年代半ば以降、数値が一倍から下がりつづけています。日本では九九年あたりから急速に一倍以下になり、二〇〇四年にマイナスに突入する。これは売上高が増えると、逆に人件費が下がっていくということをあらわしています。これは、利益を増やすために、人件費を削ったことを意味しています。日本は極端ですが、アメリカでも同じように生産と所得が切り離されているのです。

萱野　所得の低下については、小泉政権による構造改革のせいだとか、日銀がデフレに対して何もしないからだとか、さまざまな議論がありますよね。しかし実際には、先進国の交易条件が悪化したことが最大の原因だということですね。

▼一九七四年の地殻変動——実物経済から金融経済への方向転換

水野　はい。ただし、さきほど説明した交易条件は、あくまでモノやサービスなど、実物経済の状況をあらわしたもので、資産の売買回転率を高めることによって得られる売却益は交易条件の影響を受けません。

萱野　株式投資のキャピタルゲインなどは含まれていないわけですね。会社でいえば運用損益は除外されている。

水野　そこが重要なところで、先進国は交易条件が悪化したことで、実物経済では稼げなくなってしまった。そこで金融に儲け口をみいだしていくようになったのです。

たとえばアメリカの全産業の営業利益のうち〇一年一〇〜一二月期には、金融機関の利益が全米企業の四九％を占めるほどになりました（図4）。一〇年間の利益増加分で比較

図4　アメリカの全産業における金融機関の利益シェア

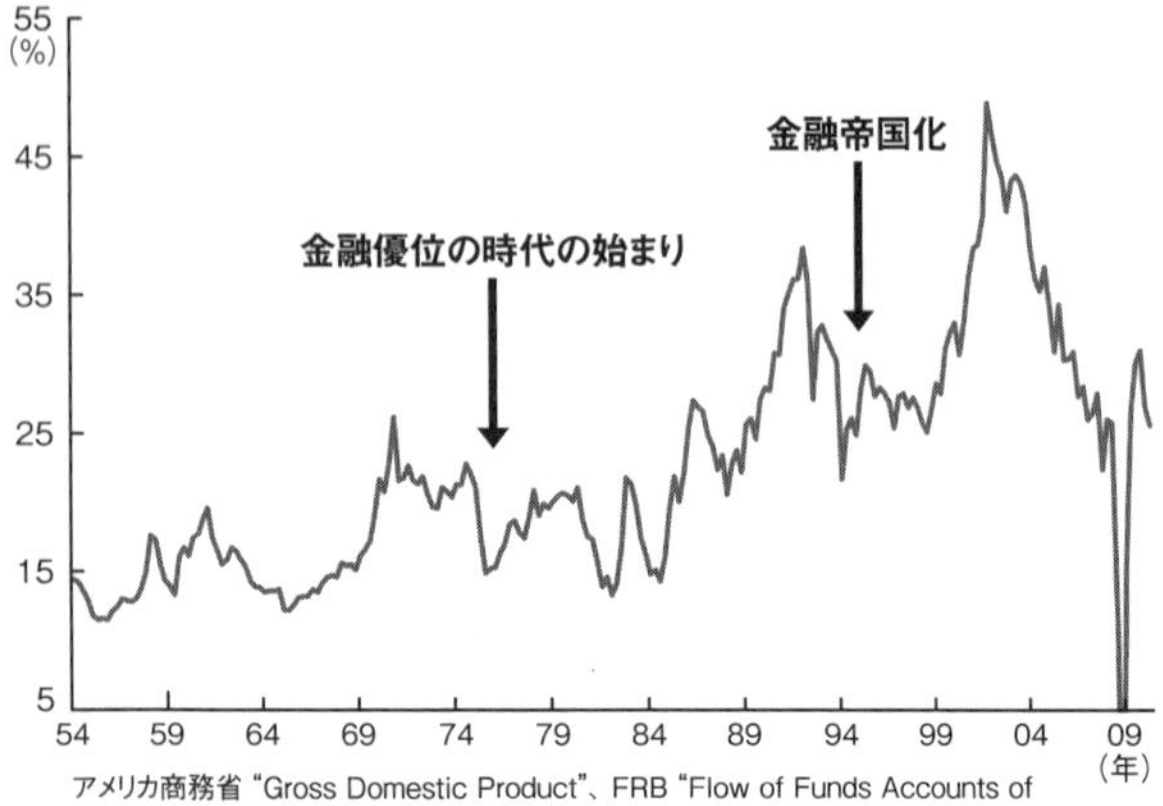

アメリカ商務省 "Gross Domestic Product"、FRB "Flow of Funds Accounts of the United States" をもとに作成

すると、金融機関の増加利益は全産業の八四%にまで達しています。アメリカの労働人口のうち、金融機関で働いている人は五・三%しかいない。つまり、二〇人中一人の人が利益の半分を稼いでいるということです。製造業で稼ぐ日本の経済とはかけ離れたすがたです。

こうした変化は一九七〇年代半ばからはじまり、八〇年代に入ると一段と加速しました。それ以前は、アメリカでも金融機関は全産業の一五%ほどの利益を得るぐらいの規模でした。ちょうどオイル・ショックやベトナム戦争が終わったあたりから交易条件が逆転して、実物経済のレベルでモノをつくるのでは十分な利潤を得ることができなくなった。実物経済では儲からなくなったので金融市場の自由化が促進されるようになったのです。

一九七一年のニクソン・ショックで変動相場制が導入されたり、それにともなって通貨先物市場が導入されたりして、徐々に金融市場が拡大されていきました。

萱野　つまり、先進国にとって交易条件が悪化しはじめる時期と、経済の金融化がはじまる時期がぴったりと重なっているんですね。

一般に、アメリカが七〇年代に金融経済化への道を歩みはじめたのは、実物経済での国際競争力が低下してきたためだといわれますよね。その象徴が、肥大化する貿易赤字であり、日米貿易摩擦です。しかしそうした金融化の流れは、もっと大きな視点でみると、交易条件そのものの変化を背景にしている。つまりアメリカだけの問題ではないということですね。

実際、七三年のオイル・ショックを契機として、先進諸国では高度経済成長が終わり、実物経済そのものが停滞していきます。ただ、日本はそのなかでも比較的パフォーマンスがよかったので、あまり実物経済の停滞というものを感じなくてすんだわけですが。

水野　そうした変化を模式的に示したのが図5です。上は、東インド会社からはじまって一九七〇年代半ばまでの資本主義の構造を、下は一九七四年以降の資本主義の構造を概念図にしたものです。

まずは上の図をみてください。X軸は交易条件で、さきほど説明したように製品一単位あたりの利ざやを示しています。Y軸は市場の拡大です。先進国は、資源を安く買い叩ける地域、そして加工した製品を高く売れる地域を求めて、つねに外へ外へと拡大する。X（交易条件）とY（市場規模）を掛算したものが、その国の経済活動の量、要するにほぼ名目GDPに相当します。

つまり、一六世紀から七三年のオイル・ショック前後までは、できるだけ交易条件を有利にして市場を拡大していけば、名目GDPを増加できる、そのような資本主義経済の構造になっていたわけです。

ところが、七〇年代半ば以降になると、こうした構造は維持されえなくなってきます。まず、先進国は安く資源を買い叩くことができなくなり、X軸の部分を拡大できなくなる。それからY軸についても、市場を外に拡大することが難しくなってきます。その象徴が一

図5 資本主義の構造の変化

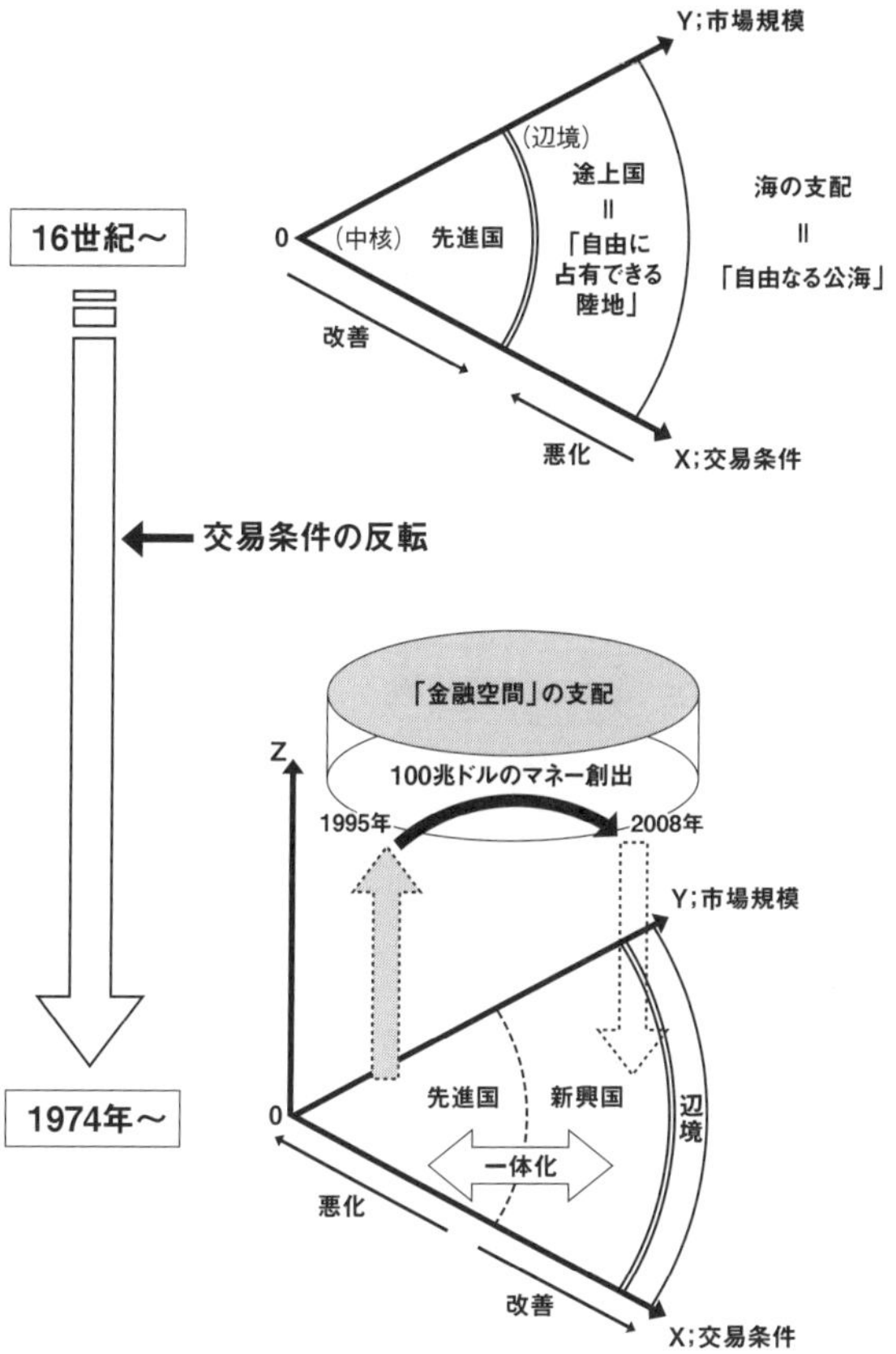

(注)1. 交易条件=輸出物価/輸入物価…一製品あたりの粗利益(企業利益と雇用者所得の合計)
2.「自由なる公海」、「自由に占有できる陸地」は、カール・シュミット『大地のノモス』より

九七五年に事実上アメリカの敗北に終わったベトナム戦争です。この前後から、軍事力などを背景として海外での市場を拡大することがひじょうに困難になった。

さらに先進国では少子化も進行していきます。日本もふくめたG7の各国では、七〇年代半ばから出生率がいっせいに二・一を下回っていきますよね。つまり国内の市場も拡大していかないということになってくる。七〇年代半ばには、国外でも国内でも、市場の拡大が頭打ちになっていくんですね。

萱野　一九七四年を境にして、世界資本主義そのものの大きな構造転換がはじまった。これはとても重要な認識です。そしてその背景には交易条件の変化があった。このことを考えると、やっぱり七三年のオイル・ショックは大きかったですね。

オイル・ショックは、六〇年代から七〇年代にかけて、産油国で資源ナショナリズムがまきおこったことの直接的な帰結です。それまで植民地だった資源国が独立を果たし、自国の資源をその価格もふくめて自分たちで管理しようとしたことが、オイル・ショックの歴史的前提となった。それまでは、イギリスやアメリカがいわゆる石油メジャーをつうじて世界の石油をほとんど独占し、自分たちで価格を決定していました。つまり交易条件の変化には、先進国と途上国のあいだの力関係の変化がある。だからこそ私たちは、七〇年代以降の先進国における金融経済化をたんなる市場の問題として考えることができないのです。

水野　そうなんですよ。私が交易条件に注目する理由もそこにあります。

▼一九九五年以降における金融経済の肥大化

萱野　ただし、一九七四年の地殻変動のあと、九〇年代以降にもう一度大きな転機がやってきますよね。たしかに七〇年代以降、先進国、とりわけアメリカでは交易条件の悪化によって金融経済化がすすんでいきますが、それが一気に本格化するのは九〇年代以降です。

水野　一九七〇年代はじめに、先進国の交易条件が悪化に転じた結果、最大のエネルギー消費国であるアメリカが一番打撃を被りました。これは、エネルギーを安く仕入れて、より遠くに出かけて市場を開拓して利益を極大化するしくみをつくってきた先進国にとって大きな転機になりました。それまでの、X軸とY軸の掛算によって実物経済における利潤を高めてきたやり方が通用しなくなってしまったからです。省エネ技術に遅れをとったアメリカは苦難の連続でした。

それに対して日本は、二回のオイル・ショックを省エネ技術でなんとか克服し、その後は八〇年四月をボトムに九九年四月までは交易条件を改善させることに成功しました。先進国全体の交易条件は日本ほど改善したわけではありませんが、図1（二一頁）にみられるように八〇年代半ばから九〇年代末にかけて安定しました。さきほど指摘したように、日本は第一次オイル・ショック以前の水準にまで売上高変動費比率を引き下げました。しかし、この努力も九〇年代後半になると無に帰します。省エネ技術では追いつかないくらいのテンポで原油価格が高騰しはじめたからです。

具体的にいいますと、七四年から〇二年まで、原油の平均的な価格は一バレル二〇ドルでした。偏差を考えても、基本的には一〇ドルから三〇ドルのあいだで推移していました。それくらいの変動ですと、一年では無理としても数年間均《なら》してみれば先進国は交易条件を一定に保つことができる。たとえば省エネ技術だとか高機能化によって製品価格そのものを上げることで、販売価格や輸出物価のところで価格転嫁することができたんです。

しかし〇三年になると、原油価格は平均二〇ドルというレンジから離陸して、その後は一〇〇ドルを超えるところまで上がっていくようになりました。こうなると先進国は交易条件を一定に保つことができなくなります。

ここでさっきの図5（三一頁）に戻りましょう。交易条件の悪化を省エネ技術で克服できなかったアメリカは、実物経済をあらわす「平面空間」に、レバレッジをかけることで新たに「金融空間」を築き、そこで金融経済による利潤の極大化をめざしていくようになりました。いわば、二次元空間を三次元空間に作りかえたのです。九五年以降、アメリカは実物経済の穴埋めとして、本格的に金融経済化の道を進むことになるんですね。

マーティン・フェルドシュタインとチャールズ・ユウジ・ホリオカは一九八〇年に発表した論文で「国際資本の完全移動性」に関する検証方法を提唱しましたが、その検証方法によって、一九九五年に国際資本が国境を自由に越えるようになったことが明らかになりました。つまり、九五年以降、アメリカは事実上日本やアジアの新興国で余っているお金を自由に使えるようになったのです。国際資本の完全移動性が実現したというのは、全てのマネーがウォール街に通ずるようになったということです。世界の余剰マネーがアメリカのコントロール下に入ったということですね。これが金融空間の拡大に拍車をかけました。そうした世界中から投資されるお金によって、アメリカではＩＴバブルや住宅バブルが起こり、その過程で、債権の証券化などのさまざまな金融手法が開発され、サブプライムローン問題なども生じてきたのです。

こうして、九五年から金融危機がおこる〇八年までの一三年間で、世界の金融空間で全体としてどれぐらいのお金がつくられたのかというと、一〇〇兆ドルに達するんですよ。レバレッジを二倍にすれば、二〇〇兆ドルになります。

萱野　一〇〇兆ドルですか……。一ドル＝一〇〇円で計算すると一京円ですね。日本もデノミしないと通貨単位が対応できません、という感じです（笑）。

水野　しかもこの一〇〇兆ドルの内訳は、アメリカ四割、ヨーロッパが三割、というシェアなんです。

日本は戦後六〇年間がんばって一五〇〇兆円の金融資産をつくりだしました。しかし、欧米主導の金融空間では、たったの一三年間で一〇〇兆ドルがつくられた。いかに途方もない数字なのかがよくわかります。

萱野　日本の一五〇〇兆円は、おもに実物経済のレベル、つまりＸＹ平面で稼ぎだされたものですよね。

水野　ええ。それはXY平面でつくられた金額としては最短で最大のもので、かつては世界がうらやむ一五〇〇兆円でした。しかし欧米は金融経済化によって、一三年で一〇〇兆ドルもつくりだしたのです。

萱野　水野さんの言い方を借りるなら、アメリカはそれによって世界の「金融帝国」としてのポジションをがっちりと確立したわけですよね。世界中からマネーを集めて金融市場に投資し、膨大な利潤を稼ぎだす。世界中から集めてきたお金を回すことでお金を増やす。そこでつくりだしたお金で世界中の商品を買い、自分たちは生産しないで過剰消費をする。こうした構造が金融危機まで続きました。ただ意外なのは、ヨーロッパのシェアも三割とかなり大きかったということです。

水野　アメリカでは一の自己資本で四〇借り入れるというレバレッジのかけ方だったのに対して、ヨーロッパは一の自己資本で六〇ぐらい借り入れて投資している。ヨーロッパの銀行のほうがレバレッジをものすごくかけていたわけで、その分、痛手も大きかった。それがいまのユーロの危機につながっているんですね。

萱野　ヨーロッパがそういう方向にむかったのは、やっぱり七〇年代後半以降の、ユーロペシミズムといわれた実物経済の停滞があったからですか？

水野　そうでしょうね。おそらくヨーロッパはアメリカ以上に経済の成熟化が進んでいて実物経済では儲けられなくなっていたのでしょう。八〇年代のヨーロッパにおける失業率は一〇％で、この数字からも、ヨーロッパはアメリカや日本以上に交易条件の悪化の影響をもろに受けていたことが推測できます。

実物経済であまりに低成長だったので、金融空間でよりレバレッジをかけざるをえない、そういう状況だったと思います。

▼石油の金融商品化

萱野　ここまでの議論で、金融危機へといたる世界資本主義の大きな流れが明らかになってきたのではないでしょうか。ポイントはいくつもありますが、そのなかでも特に重要なのが交易条件の変化です。先進国は、有利な交易条件を維持できなくなってきたからこそ、金融経済化の方向にむかっていったわけですから。

この交易条件の変化という点をもう少し掘り下げるために、さきほどの石油の話に戻ってもいいですか？　石油はいまでも世界経済における最重要物資のひとつですが、それがどのような体制のもとに置かれてきたのかをみることで、いまの世界資本主義の構造がより明確になると思いますので。

水野　はい。

萱野　繰り返しになりますが、途上国の交易条件が一九七〇年代以降よくなっていったことの背景には、資源国における資源ナショナリズムの勃興《ぼっこう》がありますよね。それまではセブン・シスターズとよばれる石油メジャーが、油田の開発権を独占し、国際カルテルをむすんで価格を仕切っていました。これによって先進国はひじょうに安いお金で原油を買うことができた。

水野　数量も自由ですね。

萱野　はい。好きなだけ採掘して都合のいい価格で販売していました。しかしその状況も、産油国に資源ナショナリズムが起こることで一変する。この資源ナショナリズムによって、多くの産油国では油田が国有化され、石油メジャーはそれらの地域での石油利権を失ってしまったからです。たとえばイラクでも一九七二年に、サダム・フセインのいたバース党政権のもとで石油が国有化されています。そんななか一九七三年にオイル・ショックが起こり、ＯＰＥＣ（石油輸出国機構）の発言力が一気に高まります。それ以降、石油の価格決定権はＯＰＥＣの手に渡り、それが八〇年代前半まで続く。

水野　その価格決定権をアメリカが取り返そうとして一九八三年にできたのが、ＷＴＩ（ウエスト・テキサス・インターミディエート）先物市場ですね。

石油の先物市場をつくるということは、石油を金融商品化するということです。いったんＯＰＥＣのもとへと政治的に移った価格決定権を、石油を金融商品化することで取り返そうとしたんですね。

萱野　まさにそうですね。

六〇年代までは石油メジャーが油田の採掘も石油の価格も仕切っていた。これは要するに帝国主義の名残《なごり》ということです。世界資本主義の中心国が周辺部に植民地をつくり、土地を囲い込むことによって、資源や市場、労働力を手に入れる。こうした帝国主義の延長線上に石油メジャーによる支配があった。その支配のもとで先進国はずっと経済成長してきたわけです。
しかし、こうした帝国主義の支配も、五〇年代、六〇年代における脱植民地化の運動や、それにつづく資源ナショナリズムの高揚で、しだいに崩れていきます。そして、石油についてもＯＰＥＣが発言力や価格決定力をもつようになってしまう。当然、アメリカをはじめとする先進国側はそれに反撃をします。ポイントはそのやり方ですね。つまり石油を金融商品化して、国際石油市場を整備してしまう。それによって石油を戦略物資から市況商品に変えてしまうんです。

水野　その変化は何を意味しているのでしょうか？

萱野　ＯＰＥＣが価格決定権を獲得したのは、基本的には帝国主義時代の図式にのっとってでした。つまり、自らの領土や資源に対する主権を宗主国から奪いとるというかたちです。この意味で、ＯＰＥＣが価格決定権を獲得した時点では、石油はいまだ地政学的な枠組みのなかにありました。だからこそ、一九七三年の第四次中東戦争のときに、産油国は石油を政治的な武器につかおうとして、オイル・ショックが起こったわけです。これに対して、石油を金融商品化して国際石油市場を整備するということは、こうした地政学的な枠組みそのものを取っ払ってしまうということです。これ以降、石油はアメリカやロンドンの先物市場で価格が決定され、国際石油市場で自由に売買されるものとなる。領土主権のもとで戦略的に取引されるものではなくなっていくわけですね。

水野　驚くことに、アメリカのWTI先物市場にしても、ロンドンのICEフューチャーズ・ヨーロッパ（旧国際石油取引所）にしても、そこで取引されている石油の生産量は世界全体の一〜二％ぐらいです。にもかかわらず、それが世界の原油価格を決めてしまうんですね。

萱野　そうなんですよね。世界全体の一日あたりの石油生産量は、二〇〇〇年代前半の時点でだいたい七五〇〇万バレルです。これに対して、ニューヨークやロンドンの先物市場で取引される一日あたりの生産量は、せいぜい一〇〇万バレルです。

水野　一・五％もありませんね。

萱野　ところが先物取引というのは相対取引で何度もやりとりしますから、取引量だけでみると一億バレル以上になる。その取引量によって国際的な価格決定をしてしまう。価格という点からみると、石油は完全に領土主権のもとから離れ、市場メカニズムのもとに置かれるようになったことがわかりますね。

▼イラク戦争の真の理由とドル基軸通貨体制

萱野　いまの点に関連して、ここでイラク戦争の話をさせてください。イラク戦争というのは、いまの議論にあった、市場メカニズムをつうじて石油価格が決定されるようになったという話とものすごく関係しているんですよ。

取り上げたいのはアメリカがイラクを攻撃した理由です。そもそもなぜアメリカはイラクを攻撃したのか、実際のところあまり理由が明らかにされていませんよね。

水野　最初アメリカは、イラクが大量破壊兵器を隠しもっていると主張して、実際に査察をしましたが、まったく何も出てきませんでしたね。

萱野　そうなんです。それでもアメリカは、イラクは脅威だということで戦争をはじめました。国連安保理でフランスやドイツに反対されたり、世界中でイラク戦争反対の運動が起こったにもかかわらず、です。では、なぜアメリカはそこまでイラクを攻撃することに固執したのか。よくいわれるのは、アメリカはイラクにある石油が欲しかったからだ、という理由です。

実際、イラクの石油埋蔵量は世界トップクラスです。それに、イラクの石油はすごく良質だといわれています。地表から火が吹き出ている様子をテレビなんかでみたことがある人もいるかと思いますが、イラクの油田は地面の浅いところにあり、また不純物が少ないということで、ひじょうに安価に採掘できるらしい。だから、イラクでの石油採掘権を独占できれば、たしかに大きな利益を得ることができるでしょう。

また、イラク戦争の理由が石油利権にあることの根拠として、ブッシュ一家が石油会社のオーナー・ファミリーだった点をあげる人もいます。たしかにブッシュ・ファミリーと石油産業には深いつながりがあります。シニア・ブッシュ大統領の父、プレスコット・ブッシュは銀行経営で財をなし、シニア・ブッシュが石油会社を設立する際に多額の資金を援助しました。そして石油ビジネスの成功によって得た財力を背景に、ブッシュ・ファミリーは二代にわたってアメリカ合衆国大統領を輩出したわけです。こうした事情から、イラク戦争には石油利権がからんでいるだろうといわれたんですね。

水野　日本のメディアは特にそんな論調でしたね。

萱野　でも、イラク戦争の理由を石油利権から説明しようとすることは的を射ていません。なぜかというと、アメリカがイラクを攻撃して、イラクの石油をすべてアメリカの利権として囲い込むことは、そもそもいまの国際石油市場の構造からいって無理ですから。

水野　すでに石油そのものが戦略物資から国際的な市況商品になってしまったわけですから、石油を植民地主義的に囲い込むことなんてできませんよね。戦争をして勝ったからといって、その領土の資源を囲い込むことはいまや難しい。

萱野　そうなんですよ。しかしそれを理解していない論者が多すぎます。とくに左翼ですね。彼らはいまだに「軍事的な支配によって、ある領土の市場や資源を囲い込むことができる」という植民地主義的な発想から抜け出ていません。

では、なぜアメリカはイラクを攻撃したのか。どんな戦争であれ、戦争が開始されるときにはもちろん複数の要因が作用します。ひとつの理由しかないということはありえません。これはイラク戦争でも同じです。しかし、そうした複数の要因のなかでもとりわけ重要な要因があります。

まず、一九九九年にEUにおける共通通貨、ユーロが発足しますね。その一年後の二〇〇〇年一一月にイラク大統領だったフセインが、これからは石油の売上代金をドルでは受け取らない、すべてユーロで受け取る、ということを国連に対して宣言し承認されました。当時まだイラクは湾岸戦争後の経済制裁を受けていたので、石油の輸出を制限され、その売上代金はすべて国連が管理していました。その口座のお金を、フセインはドルからユーロに変えてしまったのです。

これはアメリカにとってものすごく嫌な措置でした。というのも、フセインの決定は「石油の国際取引は原則としてドルで決済しなくてはならない」というルールに挑戦するものだったからです。

水野 つまり、石油に裏づけられたドルの基軸通貨体制にフセインは対抗してきたわけですね。

萱野 そうです。一九七一年のニクソン・ショックによってドルは金の裏づけをなくしてしまいましたよね。しかし、それでも冷戦が終わるまでは、西側諸国は協調してドル基軸通貨体制を護持してきました。社会主義陣営に対して資本主義体制を守らなくてはならないという意識からです。しかし冷戦も終わったいま、ドル基軸通貨体制を裏づけるものは石油しかありません。そこにフセインは挑戦してきた。

　このフセインの決定に、たとえばリビアのような反米の産油国も追従する動きをみせます。それに新たにユーロを発足させたEU諸国だって内心ではうれしかったはずですよね。

水野　もしユーロで石油を取引できるようになれば、ユーロ加盟国はわざわざドルに換金して石油を買わなくてもすみますからね。

萱野　逆にアメリカにとってはたまったものじゃありません。ドル以外の通貨でも石油を買えるようになれば、誰も赤字まみれのドルを受け取ってくれなくなり、場合によってはドルが暴落してしまうかもしれませんから。

　だからアメリカはどうしてもフセインの決定をつぶさなくてはならなかった。フセインを倒して、基軸通貨としてのドルの地位を守らなくてはならなかったのです。こうして最終的にアメリカは、イラクをテロ支援国家と位置づけて、二〇〇三年三月にイラク攻撃をはじめたのです。

　要するに、イラク戦争というのは、イラクにある石油利権を植民地主義的に囲い込むための戦争だったのではなく、ドルを基軸としてまわっている国際石油市場のルールを守るための戦争だったんですね。これはひじょうに重要なポイントです。

水野　なるほど。イラク戦争は、石油そのものではなく、石油についての国際的な経済ルールをめぐってなされた戦争だということですね。

▼アメリカによる脱領土的な覇権の確立

水野　たしかに、アメリカが石油の先物取引市場をつくることで価格決定権を産油国からとりもどしていく過程というのは、金融市場を拡大していく過程と一致しています。WTI先物市場ができたのは一九八三年ですから、ちょうどアメリカが金融の自由化を推進している時期に、石油も金融商品化されていったんだと思います。

萱野　それによって軍事の性格も変わってきた。イラク戦争が私たちに示しているのはそのことですね。

それまでは、ある土地を支配するために軍事力が行使されてきました。あるいは直接支配するのでなくても、その土地の資源なり市場なりをコントロールするために、軍事力が行使されてきたわけです。それがいまや、世界を覆う経済的なシステムを維持するために軍事力がもちいられるようになった。

水野　セブン・シスターズもＯＰＥＣも、領土主権を前提とした利益獲得の枠組みにあったわけですね。それが、石油が金融商品化されることで、領土の枠をはみだし、戦争のかたちも変わっていく。

萱野　先進国にとっての戦争が、ある領土の支配権を獲得するためのものではなくなり、脱領土的なシステムを防衛するためのものとなったのです。領土、ではなく、抽象的なシステムによって自らの利益を守ることに、軍事力の目的が変わっていったのです。

かつての植民地支配では、その土地の領土主権は認められていませんでしたよね。それは完全に宗主国のコントロールのもとにあった。それが現在では、領土主権は一応その土地にあるものとして認められたうえで、しかし、その領土主権を無化してしまうような国際経済のルールをつうじて、覇権国の利益が維持されるのです。

これは、経済覇権のあり方が脱植民地化のプロセスをつうじて大きく変化したということをあらわしています。いまや経済覇権は領土の支配をつうじてなされるのではありません。領土の支配を必要としない脱領土的なシステムをつうじてなされるのです。

水野　軍事力行使の目的が、陸地の獲得やコントロールから、経済システムの管理へと変わってきたということですね。

萱野　ええ。もともとアメリカの覇権がそれまでのイギリスの覇権と違うのは、アメリカは基本的に植民地をもたないという点ですよね。もちろん小さな例外はありますが、基本的にアメリカの覇権の原則は植民地をもたないところにある。

脱植民地化の過程で経済を支配する方法は一気に抽象化しました。つまり、領土を経由せずに他国の経済を支配するようなやり方へとシフトしてきたのです。脱領土的な覇権の確立、これがおそらくグローバル化のひとつの意味なのです。

水野　脱領土化のプロセスが、経済においても軍事においてもともに進行していくわけですね。

萱野　そうなんです。石油についていえば、価格決定がアメリカの先物市場に委ねられていることと、石油をドルでしか売買できないことが、その経済システムの根幹にあります。だからこそアメリカは、みずからの石油利権がないようなところでも、国際石油市場に影響を与えるような深刻な事態が起これば、それに介入することになるんですね。

実際、アメリカは中東にほとんど石油利権をもっていません。たとえばアメリカが中東から輸入している原油は、アメリカの石油消費量に対して一割ほどしかない。それだってサウジアラビアがみずからの発言力のために無理やり値引きをしてアメリカに買ってもらっているようなところがある。つまりアメリカは中東の石油をそれほど必要としていないんですね。

水野 カナダ、メキシコ、ベネズエラが主な輸入先です。

萱野 それにもかかわらず、中東で何かあれば一気に国際石油市場のあり方に影響をあたえてしまうので、アメリカはそこに軍事介入せざるをえない。イラクがドルでの取引をやめると言えば、そこに軍事介入せざるをえないのです。

これが脱領土的な覇権における軍事のすがたです。つまり、直接的な利害のない土地にもシステム防衛のために軍事介入がなされるわけですね。

▼基軸通貨をめぐるドルとユーロの戦い

水野 なるほど、脱領土的な支配というのは、経済のルール策定と深くからむ話ですね。

フセインがユーロで石油代金を受け取ることにしたのは二〇〇〇年一一月でしたね。アメリカとしては、冷戦後、石油に裏づけされたドル基軸通貨体制のなかで金融帝国を築いてきたところに、フセインにユーロ建てにされたら、その土台が完全にぐらついてしまうということなんですね、きっと。

萱野　アメリカからすればたまったもんじゃない。基軸通貨だからこそ、アメリカの財政赤字や経常収支赤字がいくら膨らんでも、各国はドルを買い支えてくれるわけだし、そこでのドルの循環によって自分たちは世界中のモノを購入できるわけですからね。

水野　たとえば国際債券市場でユーロ建て、ドル建て、円建て、ポンド建ての債券の発行残高の割合をみると、ユーロ建ての割合が一番高い。名目GDPの規模でみてもEUを一つの国とみるならば、九五年にEU加盟国が一五ヵ国になった段階ですでにアメリカを抜いている。

そうなると、ユーロが基軸通貨になる条件がだんだんそろってきていて、最後に残るのが、やっぱり国際商品市場のシェアだと思うんです。ここはドルが完全に支配している。その根幹をもしフセインがユーロにしてしまったら、おそらくその段階でユーロは基軸通貨になる条件をぜんぶ満たします。アメリカがイラクを攻撃したのは、ここだけは譲れない最後の砦《とりで》だったということなのでしょう。

萱野　七一年にニクソン・ショックがあって、ドルと金の兌換《だかん》が停止されますよね。それ以降、ドルが基軸通貨としての価値を実質的に担保できるのは石油とのつながりでしたから、もしそれがなくなれば、ドルは基軸通貨であることの土台を失ってしまうことになりかねない。さらにそこでフセインがドルの代わりにだしてきたのがユーロだったという点も、アメリカを震撼《しんかん》させたのでしょう。

九五年に財務長官だったルービンがいわゆる「強いドル」政策への転換を表明しますよね。これは水野さんが一連のご著書のなかで強調していることですが、九五年の「強いドル」政策によってアメリカには世界からどんどん投資マネーが入ってくるようになり、アメリカはそのマネーを運用することで、経常収支赤字が膨らんでも最終的には利益をだせるしくみをつくった。「アメリカ金融帝国」の成立です。

こうした「強いドル」政策は一説によると、ヨーロッパで統一通貨ユーロが導入されることになったことへの対抗策だったのではないかといわれています。もしかしたら本当にそうなのかもしれないと私も思いますが。

水野　統一通貨導入を決めたマーストリヒト条約が九一年末に合意され、九二年二月に調印されました。ユーロの導入予定とされたのが九九年一月ですから、まだ九一年のころはほんとうに統一通貨なんて実現できるのかという疑いがありました。しかしそれが、九〇年代半ばぐらいになると、ものごとが統一通貨のほうへどんどんすすんでいき、その実現が現実味を帯びてきましたよね。

そういう意味では、九五年の「強いドル」政策というのは、ヨーロッパで統一通貨が導入されることに対する防衛策だったという見方もありえると思います。

萱野　その見方にある程度の妥当性があるとするなら、九五年以降、アメリカが「強いドル」政策のもと、どんどん国内にバブルをつくって金融市場を拡大し、今回の金融危機へと至るまでの過程とは、じつはドル対ユーロの潜在的な戦いの過程だったといえるのではないでしょうか。イラク戦争はその潜在的な戦いの、現実化したひとつのすがたなのかもしれません。

▼EUとアメリカの覇権争い

水野　ドル対ユーロという論点は、今後の世界がどうなっていくかという問題にもかかわってきますね。

たとえば軍事的な面でいうと、サウジアラビアとアメリカとのあいだには、アメリカ軍がサウド王家を守る、その代わりにサウジアラビアはアメリカの国益に貢献する、という「密約」があるといわれています。「密約」といっても、みんなが「密約」といっているからもはや密約ではないんですけどね。そのなかにある、アメリカの国益に貢献する、とは、つまりドル建てで石油代金を受け取るということです。

ここにもアメリカの軍事力とドルとの結びつきが見られます。しかし、EUにユーロ軍ができれば、サウジアラビアとしてはアメリカだけに守ってもらう理由はなくなりますよね。もしユーロ軍ができたら、サウド王家にとってはアメリカ軍に空母で守ってもらうより、ユーロ軍に陸続きで守ってもらうほうが安心ということはないですか。

萱野　それはあるかもしれません。そうなるとEUが中東において圧倒的な軍事的プレゼンスをもつことになりますね。

水野　二〇〇三年のフセインとアメリカの戦争でも、最後は陸軍が強くないと治安維持ができないことがわかりました。空からいくら爆撃しても、ますます反米勢力が増えるだけという結果になった。そうすると、地上軍の地理的な優位性がユーロとドルの戦いに大きく影響するかもしれません。

萱野　今回の金融危機をうけて、二〇〇八年一一月にG20の緊急サミットがありました。フランスのサルコジ大統領はそのサミットの開幕直前に、ドルが唯一の基軸通貨じゃないんだという発言をしましたけど、そこにはユーロを基軸通貨にしてこれからはEUが新しい世界経済のルールをつくるぞという意気込みがあらわれていましたよね。

水野　そうですよね。その後、二〇〇九年四月のG20で、今度は中国とロシアが、ひとつの通貨だけを基軸通貨として維持するのはいかがなものかという発表をしました。つまり、ドル基軸通貨体制に対して、ユーラシア大陸側がこぞって反対意見を出してきているのです。

▼ユーラシア大陸の可能性

水野　ドル対ユーロの戦いは、歴史的に見るならば、カール・シュミットのいう「陸と海との戦い」の現代版として読み解くことができるように思います。

私は萱野さんの『国家とはなにか』を読んで、そこで参照されているカール・シュミットに興味を惹《ひ》かれてその著作を手に取ったのですが、これがたいへん刺激的でして。

萱野　カール・シュミットはナチス政権に加担した法学者として、日本ではすこぶる評判が悪いですね。だから多くの人はシュミットを批判する目的でしか、彼の著作を読みません。しかしシュミットの分析や議論はとても深い。フランス現代思想にあたえた影響も大きいと私は見ています。

水野　そのシュミットの『陸と海と』という本によると、世界史というのは陸の国と海の国との戦いの歴史である、と。

萱野　この本でシュミットは、近代において海という新しい空間に乗り出していったイギリスが、陸の支配にこだわった他のヨーロッパ諸国を凌駕《りょうが》していった過程を分析していますよね。海を支配したイギリスが、その海に新しい自由貿易の法をうちたてて、陸の法に縛られていた国々に対するヘゲモニー（覇権）を確立していった、と。空間支配とヘゲモニーの問題がみごとに結びつけられていて、世界における覇権の問題を考えるためにはけっして外すことのできない視点が提示されています。

水野　それを現代にあてはめて私が考えるには、EUとロシア、中国は陸の国で、アメリカとイギリスは海の国ということになります。萱野さんが脱領土的といったように、アメリカ金融帝国の特徴は陸に依存しないというところにあります。二〇〇八年のサブプライム・ショックで、そのアメリカ金融帝国の土台が大きく揺らぎました。サブプライム・ショックのまえに、二〇〇一年の九・一一同時多発テロ、それに続くソマリアの海賊といった一連の出来事によって、海と空の安全が脅かされました。わずか一〇年たらずのあいだにこれだけの重大事件が起きたことからすると、海の国の時代が終わりつつあるのではないか、というのが私の見方です。

萱野　なるほど。金融危機というのはひとつの空間支配の時代の終わりでもある、ということですね。

水野　一方、EUの動きをみると、EUには現在二七ヵ国が加盟していて、さらに拡大しようとしています。一六世紀にはイギリスは、オスマントルコが邪魔をしていたから、アフリカ大陸の南のほうに遠回りしてインドに海路を開きました。でも、現在のEUにはオスマントルコのような邪魔者はいなくて、逆にトルコはEUに加盟したがっている。そうなると今後、ユーラシア大陸を直結するような回路が生まれるかもしれない。たとえば上海からアムステルダムまで新幹線で貨物を運んだほうが、船でスエズ運河を経由するより速い（笑）。

エマニュエル・トッドというフランスの歴史人口学者がいますよね。『帝国以後』で、彼はユーラシア大陸が今後、真のワールドランドになるだろうと予言しています。もちろんEUとロシア、中国の三つの勢力はまだ対立しているから、そうそう簡単にユーラシア大陸がひとつになるわけではありませんが。

萱野　トッドの図式でいうと、アメリカは大西洋と太平洋というふたつの海洋をはさんでユーラシア大陸を取り囲んでいる。そしてそれら海洋の先には、それぞれイギリスと日本という子分を従わせている。つまりアメリカは、ユーラシア大陸に対して海のむこうからにらみをきかせて、二〇世紀初頭までにつくられた、植民地支配にもとづく資本主義のあり方を超えるような経済システムをつくりあげたんですね。

繰り返しになりますが、アメリカのもっとも特徴的な点は、植民地支配をせずに経済的なヘゲモニーを確立してきたところです。これはアメリカが南米をどう支配してきたのかという歴史にまでさかのぼることができる。それを体現したのが一八二三年にだされたモンロー主義でした。

水野 それによってアメリカは、ヨーロッパ大陸のことには口出ししないけれども、ヨーロッパもアメリカ大陸のことには口出しするな、ということを外交政策として掲げましたね。

萱野 はい。ただ私は、モンロー主義はさらに、アメリカがヨーロッパとは異なる覇権原理をアメリカ大陸で打ちたてようとしたことの表明でもあると考えています。アメリカ大陸とヨーロッパ大陸の相互不干渉としてだけでなく、ふたつの覇権原理の対立としてモンロー主義は考えられるのではないかと。

その後、たしかにアメリカは一八九八年にスペインと戦争をし、フィリピンやプエルトリコ、グアムなどの植民地をスペインから獲得します。キューバも保護国にしますね。しかしアメリカはそれによって植民地主義へと邁進《まいしん》することはありませんでした。あくまでもグローバルな経済空間を支配することで、各国の領土主権を無効化する。そうした方法で覇権を確立していったのです。

しかし、そうしたアメリカによるグローバルな経済空間の支配も、今回の金融危機で曲がり角にきているのかもしれません。グローバルな経済空間におけるアメリカのルール策定能力が今後も維持されるのかというと、ちょっとあやしいですから。

水野　金融規制にかんしても、G20でヨーロッパ側は規制を強化しろと主張していましたね。アメリカは本心ではそんなに規制をしたくないんでしょうが、多少は譲歩せざるをえない。いままでだったらアメリカの意見が通っていたのですが、これからはなかなか通らなくなるでしょう。

萱野　そうですね。アメリカは中国やサウジアラビアなど、新興国や資源国に国債を買ってもらわないと自分たちの財政政策がまったくできない状況になっていますから。しかも、ここまで赤字が増えてしまうと、「買ってください」と言っておきながら他方で「おれのルールに従え」とは言えなくなってきますよね。

では、今後、だれが新しいルールの策定者となっていくのか。ルールを策定するということは、要するに自分たちに有利なルールを策定するということです。それがEUになるのか、中国になるのか、あるいはEU・中国の連合になるのか。

エマニュエル・トッドはユーラシア連合というものを想定して、今後はユーラシアの時代になるんだから、日本もアメリカと手を切ってユーラシアの側にこい、とさかんにいっていますけれども。

水野　もし金融経済がいままでどおり実物経済に対して優位にたつならば、すなわち金融経済のほうが実物経済よりも利潤が稼げるならば、ユーラシアの時代はこないかもしれない。しかし、アメリカ金融帝国のもとでの経済システムにはほころびがでてきています。だとすれば、金融経済の時代が終わって、もう一度、実物経済へのゆり戻しがくるかもしれません。そのときに、実物経済でどうやって利益を生みだすかということを考えると、ユーラシアで利益をだすほうに可能性がありそうです。中産階級の人口はユーラシアで増えてくるはずですから。

第二章　資本主義の歴史とヘゲモニーのゆくえ

▼ヘゲモニー移転としての資本主義の歴史

萱野　ここまでの議論を簡単に整理させてください。まず、一九七〇年代前半から先進国の交易条件が悪化していきます。それによって先進国では資本利潤率が低下していきました。つまり、高度成長からいきなり低成長になってしまい、実物経済のレベルで資本投下をしてもなかなかリターンを得られなくなってしまったんですね。そこで先進国は、実物経済から金融経済へと舵《かじ》を切ることで利潤率を維持し、資本を増殖させていくという方向にむかっていくことになりました。

そのなかでもアメリカは、金融の自由化や石油の金融商品化などをつうじて、ドル基軸通貨体制にもとづいた金融帝国化の道を歩んでいきます。とりわけその動きは、一九九五年以降、顕著になる。二〇〇三年のイラク戦争は、そうした金融帝国をささえる国際経済のシステムを防衛するために軍事力がつかわれた、典型的な戦争でした。

水野　しかし、二〇〇八年の金融危機によって、こうした金融経済化の方向もいきづまりつつあることがわかってきたわけですね。金融経済のもとで資本のリターンを高めようとすれば、必然的にバブルをひき起こすことになりますが、そんなことを何度も繰り返せません。バブルもここまで大きくなってしまうと、今度はそれが崩れたとき、もはや経済そのものがなりたたなくなってしまうことが、今回の金融危機ではっきりしました。

萱野 そうなると、資本主義のあり方は今後どのようになっていくのかということが問題になってきます。それを考えるために、この四〇年ほどの先進国における金融経済化の過程を、もっと大きな、資本主義そのものの歴史のなかに位置づけてみたいと思います。それによって、私たちは現在どのような歴史的状況のなかにいるのかが明確になってくるのではないでしょうか。

水野 ここ四〇年の金融経済化の過程を資本主義の歴史のなかでみていこうということですね。それを考えるうえで、まずはつぎのグラフ（図6）をご覧になっていただけますか。これは、経済大国の利子率の歴史を示したものです。

萱野 利子率というのは要するに……。

水野 利潤率とほぼ同じです。つまり資本の利潤率は長期的には利子率としてあらわれるので、このグラフは、その時代における経済覇権国の利潤率がどのように変化してきたの

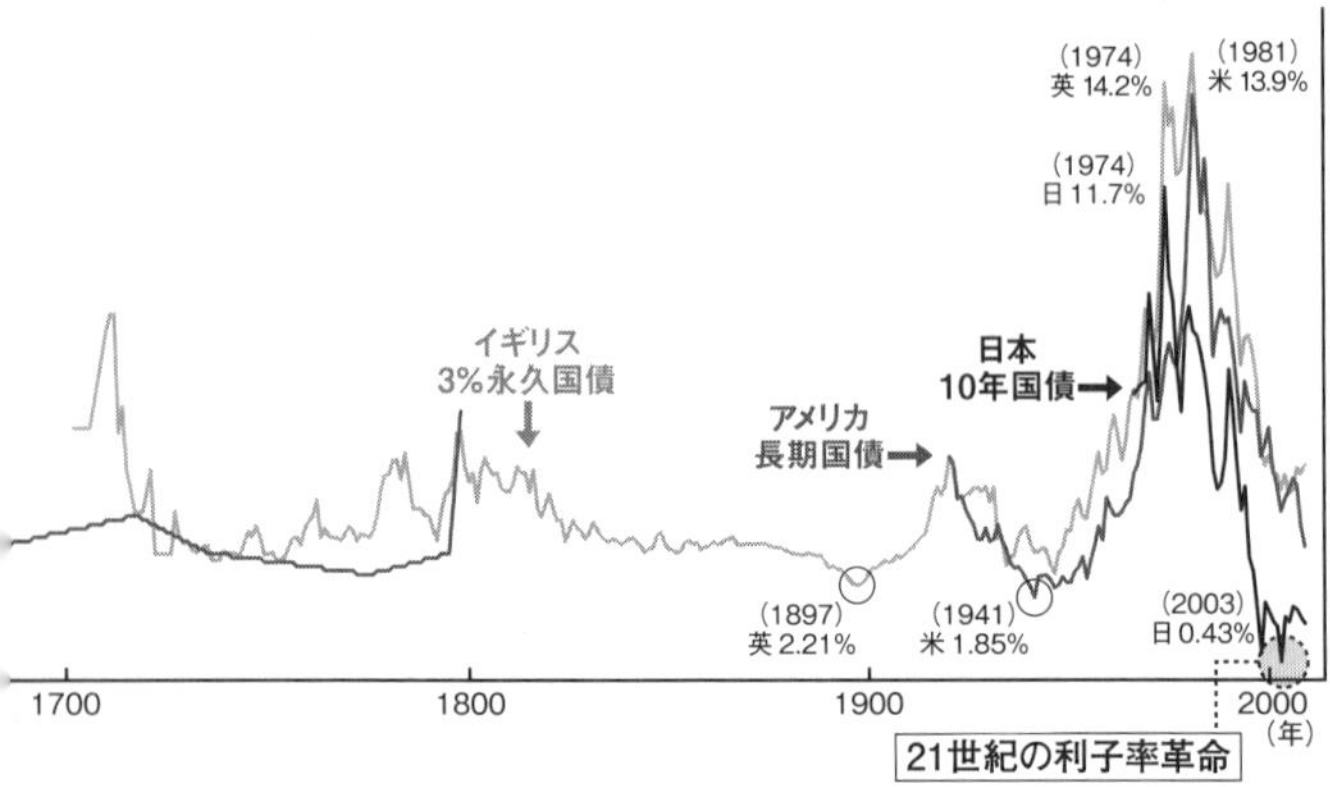

かというグラフとして読むことができるわけです。

萱野　なるほど。資本主義五〇〇年の歴史を利潤率の変化からみていこうということですね。

水野　そうです。いま萱野さんがまとめてくださったように、一九七〇年代以降の金融経済化の動きは実物経済における利潤率の低下をおぎなうかたちで起こってきました。ですので、たとえばアメリカの利子率（＝利潤率）をみると、これまで私たちが議論してきたことがそのまま確認できるんですよ。

まず、第二次世界大戦後アメリカはどんどん利潤率を上げていって、それが一九八〇年

図6　経済覇権国の金利の推移

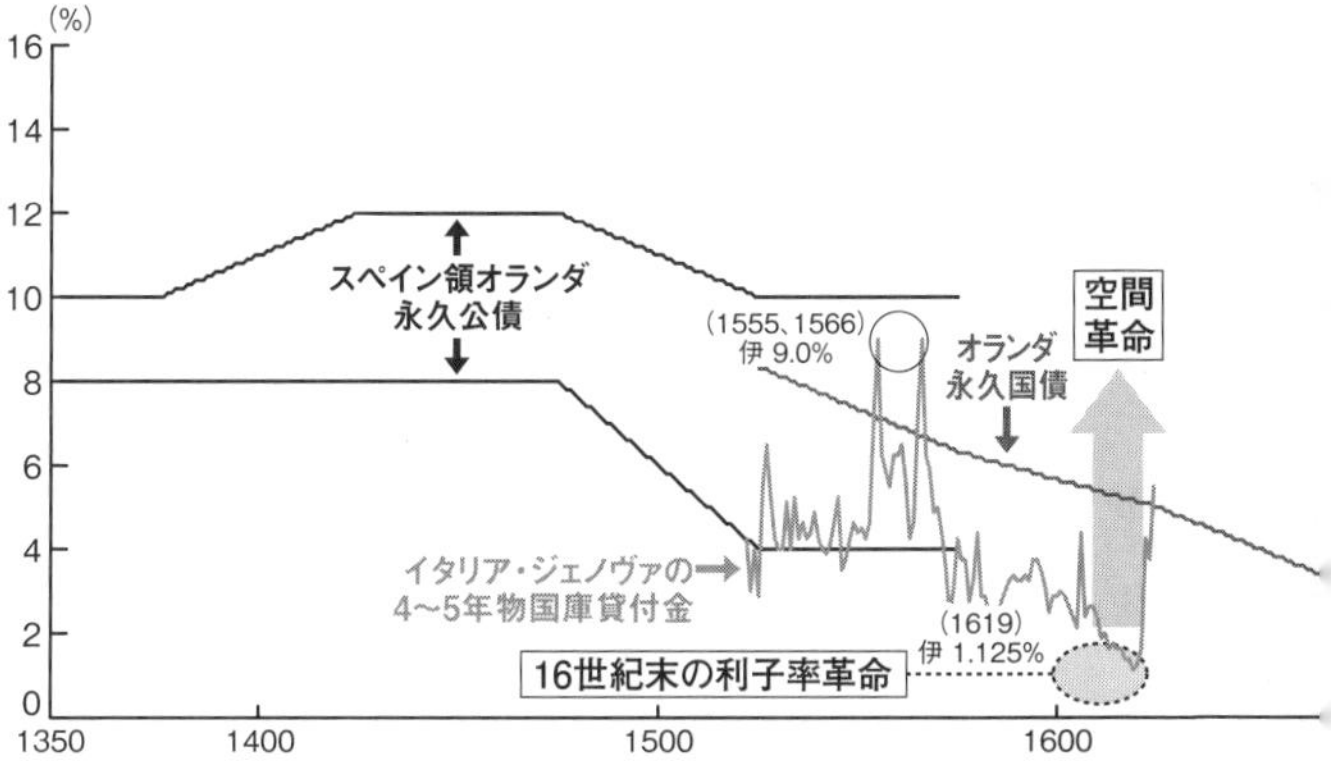

Sidney Homer “A History of Interest Rates”、日銀「金融経済統計月報」をもとに作成

代初頭にピークをつけて、その後下がっていっています。その利潤率が上がっていく時期というのは、ちょうど世界的な高度成長の時代ですよね。つまり、実物経済での利潤率がどんどん上がっていった時代です。そして、一九七〇年代における世界資本主義の構造転換を経て、徐々に利潤率が下がっていき、金融経済化にむかうということです。

萱野　なるほど。本当ですね。そうしたアメリカの利潤率の変化を覇権国の利潤率の歴史のなかに置いてみると、どのようなことが導きだされるのか、ということですね。

たとえば同じような利潤率の変化がそのまえの覇権国イギリスでもみられますね。イギリスでも一九世紀前半まで利潤率が上がっていき、そのあとどんどん低下しています。

水野　そのイギリスでの利潤率の低下をうけて、その後、アメリカにヘゲモニーが移るわけです。イギリスのまえはオランダです。オランダでの利潤率の低下をうけて、オランダとイギリスのあいだで覇権の交代が起こる。さらにそのまえがイタリア、ジェノヴァです。

萱野　要するにここで示されているのは、世界資本主義の歴史は、特定の国がそのつどヘゲモニーを確立しながら、そのヘゲモニーが移転されていくことで展開してきたということですね。

水野　そうなんです。最初はイタリアの都市国家、ジェノヴァとかヴェネチア、フィレンツェといったところで資本主義がはじまります。しかしすぐにその利潤率は低下します。その後、資本主義の勃興とともに、世界経済の中心はオランダに移ります。そして一八世紀から一九世紀にその覇権はイギリスに移り、二〇世紀の前半にイギリスからアメリカに移るというかたちです。

▼金融経済化はヘゲモニーのたそがれどき

萱野　そのサイクルをみると、どの国のヘゲモニーにおいてもまず実物経済のもとで利潤率が上がって、それがつぎに低下することで、金融化というか、金融拡大の局面になっています。そしてその金融拡大の局面で、ある種のバブル経済が起こる。つまり、どのヘゲモニーの段階においても、実物経済がうまくいかなくなると金融化が起こる。そしてその金融化が進むと、同時に、その国のヘゲモニーも終わりにむかう。

水野　そういっていいと思います。

萱野　要するに、金融化にむかうということは、その時点で、その国のヘゲモニーのもとで生産の拡大ができなくなってしまったということを意味しているんですね。

水野　はい。

萱野　生産の拡大ができなくなってしまったからこそ金融化にむかい、金融経済で利潤率を稼ごうとする。つまり、金融拡大の局面というのは、その国のヘゲモニーのたそがれどきだということです。そして、金融拡大の局面で蓄積された資本が、つぎの新しい覇権国へと投資されていく。

水野　たとえば一六世紀に経済の中心だったジェノヴァは、富をもっとも多く蓄積していた都市国家でした。そのジェノヴァでまっさきに金利の低下が起こります。つまり、商業で利潤を得ることが難しくなったわけです。そこで、ジェノヴァの銀行家は、戦費の捻《ねん》出《しゅつ》に頭を悩ませるスペインの国王にお金を貸すようになっていって、商業から金融にシフトする。このときがイタリアの絶頂期であり、その後スペイン世界帝国のフェリペ二世が戦線を拡張しすぎて債務不履行におちいってしまうのですが、その過程がイタリアの凋落《ちょうらく》と重なるのです。

萱野　結局、そのときの金融化で増殖した資本が今度はオランダに移されることによって、オランダでの生産の拡大を支えると。でも、今度はオランダが実物経済で利潤率を確保できなくなると、金融化が起こり……。

水野　今度はイギリスに融資するのですね。

萱野　そしてその資本が、今度はイギリスの産業革命などにおける生産の拡大を後押しして、イギリスの黄金時代を準備する。でも、そのつぎはイギリスが……。

水野　アメリカに投資するのです。

萱野　つまり、一九世紀後半にイギリスでは金融経済が拡大していくわけですけど、結局、それがイギリス経済そのものの衰退をもたらして、今度はそのときに蓄積された資本がアメリカに貸し出されて、アメリカのヘゲモニーを準備する。そういうサイクルになっているわけですね。

▼金融危機はたんなる景気循環のなかの不況ではない

萱野　つまり、世界資本主義の歴史において、ヘゲモニーの移転と利潤率の変化は相関しているということですね。それがこのグラフから読みとれる。

水野　ヘゲモニーが移動したばかりの国では利潤率が高いですよね。つまり高いリターンがあるので、世界中からお金が集まり、その結果、金利が下がっていく。金利が下がっていくと、かならずどこかで投資の限界、つまりこれ以上投資する先がないということになる。

萱野　投資しても、もうリターンがほとんどないわけだから、投資してもしょうがないと。

水野　いまの日本の状態ですね。それで新しい投資先を見つける必要に迫られるわけです。

資本主義の勃興期でいうなら、オランダの東インド会社といったところに投資先が変わる。そしてそこに世界中からお金が集まってきますから、資本の蓄積がすすみ、その結果利回りが下がっていく。そして、利子率が二％に近づくと、もうオランダに投資しても魅力がないということになって、じゃあナポレオン戦争でイギリスが勝ったからということで、イギリスに投資資金が移る。しかし産業革命のあと、イギリスでも金融化が起きて、もうこれ以上イギリスでは投資機会がないということになる。そこで今度はドイツとかアメリカがイギリスを追っかけて工業化していて、そちらで高いリターンが得られるということで、アメリカに投資される。

そういうわけで、つねに二％ぐらいまで利潤率が低下していくと、やっぱりさすがに魅力がないということになって、つぎの投資先を探すことになると思うんです。

萱野　要するに、イタリア、オランダ、イギリス、アメリカと世界資本主義のヘゲモニーが移転していくなかで、そのつど生産拡大の局面があり、その後、それがいきづまると金融拡大の局面がある。そしてその金融拡大によって増殖された資本が、バブルのあとにもっといい投資先を見つけて、ヘゲモニーが移転する。

金融危機をもたらしたアメリカのバブルも、そういうことだったのかなという気がしますね。まず、戦後に世界的な高度成長をもたらした生産拡大の局面があった。その後、実物経済では利潤率が上がらなくなったということで金融拡大の局面があった。しかしそれも三〇年ほどして、最終的には金融危機によって崩壊したわけですね。

水野　そうですね。

萱野　ジョヴァンニ・アリギというイタリアの歴史経済学者がいます。彼もまた、私たちがいま議論しているのと同じことを『長い20世紀』という本のなかで述べています。

つまり、世界資本主義の歴史におけるヘゲモニーの変遷をみると、覇権国のもとでの生産システムがいきづまると金融化がかならず起こっている、と。要するに、覇権国の経済が金融化していくときというのは、そのヘゲモニーが終わりつつある時期なんだと。

水野　まったくその通りだと思います。

萱野　たとえばアメリカにヘゲモニーが移ると、アメリカ型の生産様式が世界のなかで支配的になっていきます。その典型がフォード式大量生産ですね。そこでは巨大資本が、原材料の調達から組立て、開発まですべて垂直的に管理するという生産様式によって、耐久消費財が産みだされていきました。

アメリカのヘゲモニーにはそういった固有の生産様式が対応し、その生産様式のもとで一気に経済成長が起こり、資本蓄積がなされていく。そして他国もそれに追従して資本蓄積をめざすので、アメリカ型の生産様式が世界標準となっていきます。しかし、それも時間の問題で、やがてうまくいかなくなってしまう。

水野　いわゆるアメリカ型生産様式で車や冷蔵庫をどんどん生産しても、ある程度資本蓄積がすすむと、高い利潤をだせなくなってしまうのですね。実際、そこに投資のためのお金が集まれば集まるほど投下資本を新たに一単位追加して得られる利潤は下がっていきます。耐久消費財も社会にいきわたってしまえば市場が拡大しなくなってきますから。その結果、高度成長が終わり、低成長の時代に入ってしまうわけですよね。

萱野　そしてその後に起こるのが、金融拡大の局面です。実物経済における利潤率の低下をおぎなうために金融経済が拡大する。アメリカのヘゲモニーのもとでも実物経済から金融経済へのシフトがおこり、最後はバブルになりました。そういうサイクルがそれぞれのヘゲモニーに見られるというのがアリギの議論です。

こうして考えてくると、今回の金融危機というのはたんなる景気循環のなかの不景気だという話ではぜんぜんなくて……。

水野　うん、ない。

萱野　もっと大きな、つまり世界資本主義の歴史のなかで繰り返し起こってきたような、ヘゲモニーの移行期における金融経済の拡大とその崩壊をあらわしているんじゃないか、ということがいえますね。

水野　まさにそうだと思います。

萱野　そうすると、ひとつの帰結として、九〇年代以降のアメリカにおけるＩＴバブルと住宅バブルでふくらんだお金が、つぎのヘゲモニー移転のための資金としてつかわれる可能性があるということですね。

水野　そうだと思います。

さらにいうなら、金融経済化によってもたらされた九五年から〇八年までの一〇〇兆ドルという金融資産のつかわれる先が、いよいよオランダのチューリップバブル（一六三七年）に匹敵する、そういう大きなバブルになってしまう可能性がある。つまり、今回の金融危機をもたらした住宅バブルは、チューリップバブルによって中世封建制から近代資本主義へと世界システムが転換したのと同じような構造転換をもたらしうるのではないかとも思うんです。言いかえるなら、七〇年代以降、日本や欧米で相次いでおきた土地・住宅バブルはイタリアの都市国家において金利が下がる過程でおきた土地投機とほぼ同じだと思うんですね。事実、その土地投機がついにはじけて投資機会がなくなると、イタリアの封建社会は崩壊し、当時、新興国であったオランダに世界中からお金が投機され、チューリップ・バブルがおきました。

今回のリーマン・ショックに象徴される金融危機はこれで最後とはいえず、今後新興国で起きるであろうバブルのほうが大規模である可能性が高いと思います。そういう意味では、今回の金融危機によってこれまでと同じようなヘゲモニー交代がまた起こるというよりは、むしろ中世から近代へと世界システムが変わったときに匹敵するような大きな構造転換があるかもしれません。

▼ヘゲモニーと空間革命とのむすびつき

萱野　そうである以上、問題は、これまでアメリカが保持してきた世界資本主義のヘゲモニーは今後どうなるのか、ということになります。アメリカの金融経済化がアメリカのヘゲモニーのたそがれどきを意味しているのなら、早晩そのヘゲモニーは別の国に移っていかざるをえないわけですよね。あるいは、水野さんが指摘されるように、さらに大きな転換があって、世界資本主義のヘゲモニーの構造そのものが変化してしまうかもしれない。

この問題を考えるために、まずは世界資本主義におけるヘゲモニーとはそもそもどのようなものなのかということを議論したいと思います。それを認識しないと、今後のヘゲモニーがどのようになっていくかなんてわかりませんから。

水野　歴史を参照しないとこれからの議論はできませんからね。

萱野　そうなんです。では、まずは私のほうから問題提起をさせてください。とりあげたいのはヘゲモニーと空間支配の問題です。さきほども言及したカール・シュミットの『陸と海と』の議論がここでも参考になります。

世界資本主義においてオランダやイギリスが覇権を握るまでは、陸での戦いに勝った者が支配権を握るという時代がずっとつづいてきました。それは人間が大地に縛られて生きていたからです。陸地という空間は人間の存在様態を規定するもっとも根本的な空間です。

しかしそうした人間と陸地の関係を、オランダ、そしてとりわけイギリスはまったく変えてしまった。つまり、陸ではなく海を制覇することが世界的なヘゲモニーの確立とむすびつくようになったのです。一六世紀以降、まずはオランダが造船技術を革新し、世界の海を支配するための基礎をつくる。そして今度はイギリスが、それを決定的な仕方で引き継いで、海のうえにうちたてられた新しい世界の支配者として姿をあらわす。シュミットは述べています。ポルトガルやスペインのようにたんに新しい大地や大洋を発見するだけでは世界の海への支配権を確立するには十分ではなかった、と。要するに、海洋支配による世界的な覇権がうちたてられるためには、イギリスが陸に背をむけて、海というエレメントへと全面的に突入していくことが必要だったんですね。

水野　それが一六世紀に起きた空間革命ですよね。

萱野　ええ。海洋が世界を制するための決定的なエレメントになることで、空間概念そのものの構造が変わってしまったのです。シュミットの議論を読むと、資本主義の成立には海をつうじた空間革命が不可欠だったんじゃないかと、考えさせられますね。

実際、それまでの陸的な世界観では、ひとつの国が地球全体をおおうような支配力を行使できるなどということはとうてい考えられませんでした。しかしイギリスは世界の海を支配することで、そうした陸の常識に対して自由貿易という新しいルールを確立し、そのルールの管理者としてみずからの世界的ヘゲモニーをうちたてた。要するに、海を制すれば、陸をこえた貿易はすべて海をつうじてなされるので、陸の利益を吸収することができるということですね。

ポイントは、イギリスは海という新しい空間に新しいルールを設定することでヘゲモニーを確立したという点です。新しい空間には新しいルールが対応するということですね。陸という空間は国家的な領土権によって分割されている。これに対して、海はどの国家にも属しておらず、いかなる国家的な領土権からも自由です。イギリスはそこに自由貿易のルールを設定し管理することで、どの国家にも属していない海洋を、結局はイギリスだけに属するものにしてしまった。シュミットは、それが領土主権にもとづく国際法にかわって新たな国際法を準備したんだと考えています。

水野　新しい空間を軍事的に制するだけでなく、そこに新しいルールの確立がともなってくるわけですね。

萱野　そうです。空間革命の本質は、その意味で、新しい空間にそれまでの空間概念の常識を無化してしまうような新しいルールをどのように設定するか、ということにかかってくるわけです。

とするなら、世界資本主義のヘゲモニーというのは、新しい空間に誰がどのようなルールを設定するのか、という問題として考えられなくてはなりません。新しい空間における新たな秩序の確立をめぐる戦いをそこに見なくてはならない。

もうひとつ、シュミットの議論で重要だと思うのは、海という空間が当初は略奪の空間でもあったという点です。

水野　シュミットは、イギリスの海洋支配の確立において、海賊たちが果たした役割を強調していますよね。

萱野　はい。海という空間では陸の法が通用しないわけですが、そうした海の空間において支配権が確立していくためには、海賊たちによる略奪行為が不可欠だったということです。

そもそもイギリスに打ち破られたスペインだって、大洋という新しい空間にいち早く乗り出していって、その先で新しく見つけた陸地を力ずくで自分の利益にしていったわけですよね。そうした行動がその後、有利な交易条件となってヨーロッパの資本主義的繁栄をささえた。海やその先にある陸地はヨーロッパのルールが適用されない空間なので、そこでは軍事力による自由な略奪戦がおこなわれ、最終的にそれを制したイギリスが世界資本主義のヘゲモニーを獲得したということですね。

▼ドゥルーズ＝ガタリの平滑空間

水野　世界資本主義におけるヘゲモニーの問題と空間の問題は切っても切れない関係にあるんですね。私も資本主義の歴史を考えるうえで空間革命の重要性は強調してもしすぎることはないと思います。

萱野　そうなんですよね。空間の問題については、フランスの哲学者、ジル・ドゥルーズとフェリックス・ガタリも共著『千のプラトー』のなかで、シュミットとひじょうに近いことを述べているんです。

彼らは空間の問題を「条里空間」と「平滑空間」という二つの概念で考えています。条里空間というのは、簡単にいえば、区画された空間のことです。私たちが住んだり、活動したりしている空間は、基本的にはすべて区画されていますよね。ここは道路で、ここは誰々の所有地で、ここは公園で、というように。主権国家の領土だって政治的な帰属が定められた条里空間です。インターネット空間だって、IPアドレスがふられた条里空間ですね。海や空だって基本的には条里空間です。位置確定され、領海権や領空権が定められ、航路が定められているわけですから。つまり、その空間の帰属や用途が定められ、それによって広い意味での「法」が整備された、そうした空間が条里空間です。

これに対して「平滑空間」というのは、そうした条里空間の「法」を無化してしまうような空間のことです。条里空間における区画を無化するような、滑らかな空間、ということですね。たとえば国家は非常事態においては、人びとの所有権を無視して土地を接収したり、戦車を走らせたりすることができます。そこでは通常の区画は意味をなさなくなる。あるいは、一八七一年のパリコミューンや一九六八年のフランス五月革命のように、労働者や学生が蜂起して街を占拠してしまうようなときも、平滑空間が生まれます。

注意したいのは、こうした平滑空間はけっしてたんなる無法地帯ではない、ということです。平滑空間は条里空間の法を無化するとはいえ、それはあくまでも条里空間とは別のルールや空間活用法をそこに対置することによってです。

水野　それでいくと、一六世紀では海がまさしく平滑空間だったわけですね。

萱野　そうなんです。この時代、海が平滑空間となったのは、たんにそれが陸地の外部にあるからだけではありません。海という空間をイギリスがわがものとして活用し、そこに領土主権にもとづいた法を無化するような自由貿易のルールを確立することができたからこそ、海は平滑空間になったんですね。

ヘゲモニーとの関係でいうと、こうした平滑空間を活用する一番の利点というのは、通常の条里空間ではありえないようなかたちで富を手に入れることができるということにあります。たとえばイギリスは海賊によって初期の資本を蓄積し、海での自由貿易を管理することで世界的な富の集積地になったわけですよね。さらにいえば、海のむこうの植民地だって同じです。植民地ではいくら略奪しても、そこはヨーロッパの考える法がまだ確立していないところだという理由で許されました。だからこそ、ヨーロッパの帝国主義列強は、ヨーロッパの外では自由な植民地獲得競争ができた。平滑空間では条里空間とはちがうやり方で富を手に入れることができるし、それが結局はヘゲモニーのもとでの資本蓄積につながっていくんです。

水野　なるほど。その延長でひとつお聞きしてみたいことがあります。イギリスの経済覇権の確立に大きく貢献したのは、技術革新によって生産力を高めた産業革命の役割のほうだったのか、あるいは新大陸や海からの略奪による資本蓄積のほうだったのか。大きくふたつの見方ができるかと思うのですが、萱野さんはどちらの説をお取りになりますか。

萱野　空間革命なのか産業革命なのか、ということですよね。

水野　産業革命だという人が多いようなのですが、私自身は一六世紀における空間革命のほうが、それまでの時代からの非連続性という意味で重要だったのかなと思ったりするのですが。

萱野　私も同じ意見です。いってみれば産業革命は技術の革新なので、それだけでは資本蓄積をもたらすことはできない。そこには新しい技術を資本蓄積に組み込むような、もっと広い社会構造が不可欠です。たとえば産業技術という点でいえば、当時はイギリスよりもフランスなどの大陸ヨーロッパのほうがすすんでいたともいわれていますし。

それに、そもそも産業革命にはクジラの油が不可欠でした。当時はまだ石油が発掘されていませんでしたから、とくにシロナガスクジラからとった油を新しい機械技術にもちいていた。そして、海洋の支配者であるイギリスは、この時代の最大の捕鯨《ほげい》国でした。

水野　そうなると、やはり歴史の断絶点は、産業革命の一八世紀よりも空間革命の一六世紀とみたほうがよいですね。

▼「外部」なき現代の略奪

萱野　略奪ということでいえば、今回の金融危機の元凶となったサブプライムローンも略奪的なものですよね。要するに隠れた高利貸しですから。最初は金利が低いんですが、数年後に一気に跳ね上がるので、借りた人たちは借金地獄になる。もともとサブプライムローンは、住宅バブルをつづけるために、低所得などの理由で家をなかなか買えない人たちにも家を買わせようとあみ出された方法です。しかしそれは逆に、彼らを借金地獄にすることで中産階級へのルートから完全に蹴落《けお》としてしまった。

水野　サブプライムローンの実態というのは、かつてイギリスの海賊が平滑空間でやったことを、もう略奪できる空間がないから自国民に対してやってしまったということだと思うんですよ。

そういう意味では、国境の外では何をやってもいいんだという、イギリスのやり方がいいとは思わないのですけれども、今回アメリカがやったような、自分たちの国民から略奪まがいのことをするというのは、もっとたちが悪いというふうに思えてならないのです。他国民を犠牲にすることだってよくないですが、自国民を裏切るサブプライムローンはもっと悪質じゃないかなと思いますけどね。一国を単位とした民主主義も機能不全に陥っているのではないでしょうか。

萱野　先進国の有利な交易条件が消滅していくなかで、なんとか利潤率を維持しようと思ったら、自国民から略取するしかないんですね。

水野　これまでのグローバル化というのは、つねに少数の人が外部に有利な交易条件を求めて、そこから利益を得るというかたちでしたが、いま起こっているグローバル化では、地球全体がグローバル化するぞということになって、そうした外部が消滅してしまったのですね。

▼アメリカのヘゲモニーと空の支配

萱野　では、アメリカのヘゲモニーにおける空間支配の特徴はどのようなところにあるのでしょうか。今度はそれを考えていきたいと思います。

「海の国」イギリスからアメリカに覇権が移ったときの新しさは、海ではなく空という空間が世界を制するための決定的なエレメントになったというところにあります。第二次世界大戦以降、空から爆弾を落とすことが軍事的勝利のためにはもっとも重要になりました。それはいまでも変わりません。湾岸戦争でもイラク戦争でも、最初にまず空爆をして、そのあとに地上戦にいくわけですよね。

だから、世界的なヘゲモニーを確立するためには、空を軍事的に制することが不可欠となった。そこから生まれてきたのが無差別爆撃という戦略です。これはゲルニカ爆撃からはじまって重慶爆撃、東京大空襲、広島・長崎の原爆投下、というかたちで拡大してきました。

そして第二次世界大戦が終わると、今度はさらに宇宙へと空間支配の範囲が広がっていく。まずソ連が一九五七年に大陸間弾道ミサイルの開発と人工衛星の打ち上げに成功します。その後、ソ連は世界初の有人宇宙飛行に成功し、アメリカはそれを追って一九六九年に人類初の月面着陸を成功させます。ライト兄弟が世界初の有人動力飛行に成功したのが一九〇三年ですから、人類ははじめて空を飛んでからわずか六六年で月までいってしまったんですね。それだけ空と宇宙の開発競争がすさまじかったということです。

この意味でいうと、二〇世紀は空の時代です。アメリカのヘゲモニーはこの空という空間の制覇のうえに確立されました。海から空へ。これがアメリカのヘゲモニーにおける第一の特徴だと思います。

水野　海から空に、平滑空間がさらに外へと移動したんですね。

萱野　そうなんです。アメリカのヘゲモニーは、こうした空の支配と、さきほど議論したドル基軸通貨体制がむすびつくことでなりたっています。アメリカのヘゲモニーが植民地の存在を必要としていなかったのは、こうした空の支配とけっして無関係ではありません。アメリカは、空を軍事的に支配しながらドル基軸通貨体制を守り、そのもとでの自由貿易市場の管理者となることで、世界資本主義のヘゲモニーを確立してきたんですね。

▼宇宙のヘゲモニーと経済覇権はむすびつくか

萱野　ただ、空間支配の場所が空へと移ることで、これまでとは違う問題もでてきます。空がこれまでの海と違うのは、宇宙までいってしまうと有利な交易条件をもたらしてくれるようなものが何もないという点です。

水野　宇宙にいっても陸地の獲得はできないわけですね。

萱野　そう。海だったら植民地の獲得ということにつながりますけれども、いくら宇宙にいっても……。

水野　火星人と貿易できるわけじゃないし（笑）。宇宙に資源がないかぎり、宇宙での軍事的ヘゲモニーと経済のヘゲモニーはむすびつかないでしょう。火星かどこかに利用可能な資源があれば、それを開拓して地球にもってくることで、宇宙の支配と経済の支配は一致するかもしれません。でも、仮に宇宙タンカーができたとしても運搬コストの面で採算があわないでしょう。

萱野　だから、アメリカは空を制することでヘゲモニーを確立してきたんですが、それが宇宙にまで拡大してきたときに、はたしてその支配が経済的なルール策定につながるかどうかは疑問がある。

それに宇宙ということでいえば、そもそも宇宙を軍事的に支配できるのか、という点についても議論の余地があります。なぜかというと、宇宙ではさすがにもう戦争は起こせないでしょうから。たとえば中国はいまものすごい勢いで宇宙開発をやっていて、北朝鮮の核開発なんかよりもじつはよっぽど世界的にはインパクトがある。中国は衛星打ち落とし実験なんかもやっていますよね。

水野　やっていましたね。

萱野　あれはけっこう恐ろしいことですよね。宇宙空間を力ずくで支配するような行動がエスカレートすれば、宇宙から核爆弾がどんどん落っこちてくるような戦争になってしまい、それこそ人類は滅亡します。そんな戦争を起こせないのであれば、宇宙を軍事的に支配するようなことは結局できないのではないか。

だからどちらにしても、いまの宇宙開発競争が経済的なルール策定へと転化することはむずかしい。イギリスが海でおこなったようにはいかないということです。

水野　ということは、宇宙支配をめぐっては、だんだんそのインセンティブがなくなってきているということなんですかね。それとも宇宙開発には経済的支配とは別のインセンティブが働いているのでしょうか。

萱野　かつてほどそのインセンティブはないんじゃないでしょうか。一九八〇年代にアメリカが計画した戦略防衛構想も、冷戦終結とともになしくずし的に中止されちゃいましたし、それ以降、宇宙開発への大きな構想は立ち上げられていませんから。

ただこの場合、興味深いのは宇宙開発と金融技術との関係です。たとえば月への有人飛行を成功させたアメリカのアポロ計画は一九七二年を最後に打ち切られますが、その廃止によって失業した科学者たちはみんなウォール街にいって金融工学をやるんですね。このころはちょうど変動相場制への移行によって通貨先物市場が開設されたりと、アメリカの金融市場が拡大しはじめた時期です。その金融市場の発展に、宇宙開発を担った科学者が大きく関与した。

それに、そもそも金融技術の発達には、複雑な計算を可能にするコンピューターの存在が不可欠でしたが、そのコンピューターもともとはミサイルの弾道を計算するために開発されてきたものですよね。つまりそれも空の支配と切りはなせない。金融技術の中身だけでなく、それを支えるハードの部分でも、七〇年代以降の金融経済化は空の支配とつながっているのです。

水野　インターネットだって、もともとは軍事からでたものですしね。

萱野　ええ、アメリカ国防総省の高等研究計画局によって開発された技術ですよね。それが民間へとスピンオフされ、九〇年代以降のＩＴバブルから住宅バブルまで、金融市場の拡大をもたらしました。

こうした点からいうと、アメリカが世界の金融帝国になっていった背景には、空の支配をめざした宇宙開発があったと考えることができる。アメリカによる金融経済の拡大は空の支配の応用編だと考えられるんですね。

ただそれも、逆の見方をすれば、空の支配は宇宙までいってしまうと経済的なヘゲモニーに直接にはむすびつかなくなったので、やむをえずその技術が金融経済の拡大に応用された、ともいえる。その意味では、われわれは軍事的なヘゲモニーと経済的なヘゲモニーが分離する時代に入ったのかもしれませんね。

水野　そうでしょうね。宇宙支配を経済的な利益に転化できない状況はこれからもつづくでしょうから。

萱野　だとすると、空間支配が経済的なヘゲモニーにむすびつかない時代にわれわれは突入しているかもしれない。これは資本主義の歴史における新しい変化です。

▼アメリカのあとにヘゲモニーを握る国はあるか

萱野　空間支配という点で人類はもはや行き着くところまで行ってしまったとすれば、ポスト・アメリカのヘゲモニーの問題も、これまでのように別の国家へと移動するだろうとは単純にはいえなくなってきますよね。

これまでは世界資本主義のヘゲモニーが移動するときは、より大きな軍事的支配力をもつ国家に移動してきました。海洋技術で先んじたオランダから、その後に世界の海を支配したイギリス、そして世界の空を支配したアメリカへ、というかたちです。いずれも、より強い軍事力のもとで有利な交易条件が維持されてきたわけです。だからこれまでのパターンからすれば、前の覇権国よりも軍事的に強大な国でなければヘゲモニーを確立できない、ということになるんですが。

水野　しかし、すでに議論したように、軍事的な空間支配は宇宙までいくと経済的なヘゲモニーとは一致しなくなりますよね。

萱野　そうなんです。だから今後、アメリカよりも軍事力のある国家がでてきて、アメリカのヘゲモニーがこれまでのようにその国家へと移動するとは単純には考えられません。それに、たとえ軍事力が依然として重要な要素でありつづけたとしても、アメリカよりも軍事的に強い国家は今後しばらくはあらわれそうにありませんし。

水野　基軸通貨という点ではドル対ユーロの戦いがくり広げられていますが、軍事力という点でみるとEUもまだ力不足ですしね。たしかにユーロ軍構想はすすんでいますが、まだまだアメリカ軍のほうが圧倒的です。

EUのほかにヘゲモニーを握るとすれば中国だと思いますが、萱野さんはその可能性があるとお考えですか。

萱野　まったくないとは思いませんが、可能性は低いんじゃないでしょうか。

実際、金融危機までのバブルでふくらんだ金融資産が現在中国に投資され、それによって中国はものすごい勢いで経済成長をしていますが、最終的にはその資本を自分でコントロールできなければ、中国はヘゲモニーを確立することができません。そのためにはアメリカに拮抗《きっこう》するだけの軍事力も必要となる。そうなると、アメリカと中国のあいだでヘゲモニーをめぐって場合によっては血みどろの戦争になるというシナリオもありえますが、そうなれば多分世界が終わってしまうでしょう。

だからありうるシナリオは、ヘゲモニーと工場が分離するというものです。これまではヘゲモニーをもつ国は同時に世界の中心的な生産拠点でもありました。しかし今後はそれが分裂して、中国やインドが世界の工場になるけれども、資本をコントロールしたり、世界経済のルールを定めたりして、中国やインドの成長の余剰を吸い上げるのは別の地域になる可能性がある。経済成長をして高い利潤率をうみだす地域と、世界資本主義をマネージする地域が分離するということです。

そうしたシナリオがありうるとすれば、今後はアメリカとヨーロッパの連合体が軍事と金融を牛耳って世界経済のルールを定め、中国の経済成長の果実を吸い上げるというシステムになるんじゃないでしょうか。個人的には中国がヘゲモニーをもつより、こちらの可能性のほうが高いんじゃないかと思います。水野さんはこの問題にかんしてどのようにお考えですか。

水野　たしかに中国にはアメリカのヘゲモニーをそのまま奪い取るような力はまだありません。そういう意味では、実現性が高いのは後者のシナリオだと思います。おそらく中国がアメリカやEUから何らかの見返りをもらって、バランスを取る。それで満足するということになると、いよいよG3の時代がくるんですかね。

萱野　リーマン・ショックから一年ほど経った頃に、それを裏づけるような朝日新聞の記事（二〇〇九年一〇月二五日）がありました。アメリカのピーターソン国際経済研究所ってあるじゃないですか。民主党とのかかわりが深いところですけれども、そこの所長が、ドル基軸通貨体制はもうアメリカの国益ではないといっているんです。今後はユーロとドルの二極基軸通貨体制でいくべきであり、G何とかという枠組みも、米中のG2か、あるいはEUを入れたG3でやるべきだといっているんですね。

水野　ほんとうですか。もうアメリカ単独では無理だということをアメリカ自身が認めているんですね。

その一方で、中国が単独でヘゲモニーを握れるかといったら、それも難しい。いまのところ、まだ成長のセクターは中国を筆頭としたアジアですが、それを収奪するのはあいかわらず欧米資本になっています。これに対抗して中国が、資源ナショナリズムならぬ工場ナショナリズムというかたちで工場からもたらされる利益を独占するようになると、グローバル資本は大打撃を被ることになるでしょう。

ただ、さきほども議論したように、アメリカに対して、EUや中国を含めたユーラシア大陸連合が対抗するという構図もありえるのではないでしょうか。

萱野　水野さんがシュミットを援用して論じている現代版「陸と海との戦い」ですね。たしかに、ふたたび陸の時代がくる可能性も捨てきれないものがあります。ユーラシアにおいて陸路でむすびついたヨーロッパと中国が連合して、新しい経済のルール策定者、システム管理者になる可能性もないわけじゃない。しかしその場合でも、軍事的な連合までユーラシアで実現されて、アメリカの軍事的ヘゲモニーがユーラシアへと移行するとは、なかなか考えにくいのではないでしょうか。

水野　「アメリカの時代」が終焉《しゅうえん》をむかえたあとは、一国が経済と軍事の両方でヘゲモニーを握ることはできないかもしれませんね。

萱野　そうなんですよね。そうなると、これまでの資本主義のあり方とはまったく違う状況が生まれてきますよね。これまでの世界資本主義では、国民国家を単位にして、そのもとでヘゲモニーが移動してきました。ひとつの国家のもとで、軍事的なヘゲモニーと経済成長による資本蓄積が一致していた。

しかしこれからは、生産をつうじて資本の蓄積がおこなわれる場所と、軍事的あるいは金融的に世界経済がコントロールされる場所が分裂して、世界のなかでヘゲモニーが分担されるようになっていくのかもしれません。

▼ルール策定能力としての情報戦

水野　十分ありえる話だと思います。そのときには軍事力以外にヘゲモニーを握るファクターとして「情報」も重要になってくるのではないでしょうか。

ベネディクト・アンダーソンが『想像の共同体』のなかで出版資本主義ということをいっています。それは要するに、プロテスタントが情報戦に勝ったということです。イギリスの資本主義がスタートした地点では、軍事の海賊資本主義と情報の出版資本主義がむすびついていました。

萱野　情報戦というのは、つまるところルールを設定できる能力というか、概念を新しく創出できる能力にかかわっていると思います。たとえば一九八〇年代末にＢＩＳ規制がだされたときも、「預金は銀行にとって短期の負債である」というまったく新しい概念が提出されました。その概念のもとで、国際業務をおこなう銀行は自己資本の一二・五倍までしか融資ができないというルールが設定され、それによって日本の銀行は貸付を減らさざるをえなくなり、バブルで蓄えた国際競争力を一気に失ってしまいました。

ルールを設定して、世界資本主義をみずからに有利なかたちでコントロールする。その背景にはもちろん軍事力が必要なのですが、それと同時に、そのルールを普遍的なものとして定義するだけのインテリジェンスがなければ、ヘゲモニーを維持することはできません。

水野　それは原理的には国家の統治にもいえることですよね。

萱野　はい。国家の統治には物理的強制力が必要ですが、しかしその物理的強制力だけでは統治は維持されえません。やはり社会をうまく動かせるだけのルール策定能力がなければ国家の統治はうまくいきませんから。この点では、国家の統治も世界資本主義のヘゲモニーも同じなんですね。

そういう意味でも今後ヘゲモニーが中国に移るとは考えづらい。たんに生産拠点や技術が移転され、そこで経済成長がなされ資本蓄積がおこなわれるようになるだけでは、資本主義のヘゲモニーは動きません。水野さんがおっしゃったように、ヘゲモニーを獲得するためにはさらに情報戦を制して、世界のお金やモノの動きにかんするさまざまなルールや制度を策定する力がどうしても必要となるのです。そうした力が中国にあるのかどうか。

そう考えると、中国が世界の工場になっても、その利潤をコントロールするのはやはり大西洋のどちらかの側になるだろうと思いますね。

水野　私もその可能性が高いと思います。損益計算書を見たわけじゃありませんが、韓国のサムスン・グループの上げた利益のうちの半分ほどは欧米系の資本に吸い上げられているといわれています。

萱野　半分ですか……。それはやっぱり九七年のＩＭＦ危機の影響ですか。

水野　そうでしょうね。IMFからの融資とひきかえに、韓国は構造改革と民営化を推進させられ、それによって外資がどんどん入ってきて株を買い占めてしまいましたから。

中国の電気自動車会社BYDにもアメリカ資本が入っていますから、あそこで電気自動車を生産して売れば売るほどその利益は他国の資本にいくことになるでしょう。そうなると、もっとも利潤を稼げる地域がそのままヘゲモニーを担うという図式は、もはやなりたたなくなるかもしれません。

萱野　つまり、実物経済のもとで利潤がもたらされる場所と、その利潤が集約されコントロールされる場所が、資本主義の歴史上はじめて分離するということですね。軍事だとかルール策定といった資本主義の中核にあたる部分は、もはや実物経済における利潤創出の活動とは別のところで担われるようになる。

▼国民国家が国際秩序の基本的単位ではなくなるとき

水野　そういうことですね。そうなると生じてくるのは資本と国民の分離です。利益はふつう国民に還元されるのですが、資本と国民が分離すると、中国の中産階級は十分な利益を享受できなくなります。

萱野　もちろん中国でも経済成長の果実をうけとる人たちはでてきますよね。経済成長によって中国でも多くの人が中産階級に仲間入りするでしょう。

むしろ資本と国民の分離ということで深刻なのは、先進国の中産階級のほうですよね。これまではアメリカのフォードシステムのもと、人びとはブルーカラー出身でも将来は工場長になって中産階級に仲間入りすることができるという展望をもつことができた。しかし、現代のように生産拠点がどんどん先進国から新興国に移り、先進国の資本がますます新興国の生産現場とむすびつくようになると、先進国の国民に仕事やお金がまわってこなくなってしまう。図式的には、先進国の資本は先進国の国民を見捨てることになるわけですね。先進国の労働者は新興国の労働者との国際競争に敗れて没落してしまう。

だから先進国では、資本主義のルール策定や運営にたずさわれる人たちはよりグローバルな世界のなかで大きな利益を得ることになるでしょうが、その繁栄の裏では、多くの中産階級以下の人たちが没落していくことになるでしょう。

水野　一億総中流というのはありえなくなる。

萱野　そうでしょうね。すでに先進国では生産拠点がなくなってきているし、あったとしても新興国との競争でものすごくコストをおさえられていますから。

水野　そう。だからアッパークラスも世界的な資本帝国のなかで偏在することになるでしょう。国境を越えて中国、中東、欧米のそれぞれでごく少数の富裕層とそうじゃない多数の人たち、というふうに分かれる。

萱野　そうですね。ただ、さすがに中国もずっとは黙っていないでしょう。蓄積された富を背景に、これからは自分たちに資本主義の運営をやらせろ、ということを中国がいいだす可能性はありますよね。

水野　当然あると思います。

萱野　そのときに欧米と中国のあいだで大きな衝突が起きるかもしれませんね。

水野　そうなると、一国単位ではもはや破滅の方向にいくことになるでしょう。逆にいうと、そうした危険を回避するために、一国単位をこえた世界資本主義の統合がより進むのかもしれません。

萱野　世界のかたちは今後、国民国家を単位にした国際秩序ではなくなる可能性がある。

これは大きな変化ですよね。これまでは国民国家のなかで、軍事力とルール策定能力で抜きんでたところが、資源と通商空間を管理する側にまわってヘゲモニーを確立してきました。そこではある程度、資本の動きと生産が一国内で完結していた。しかしそれが完結しえなくなると、国民国家そのものが解体していく可能性もでてきますね。

水野　そうなると、国連やそれに準じるような別の権威ある機関をつくって、そのもとで資源配分のルールを策定し、みんなに納得してもらわなきゃならなくなりますね。ぜんぶ市場に任せてしまうと資源価格があまりに高騰してしまい、二〇〇八年に原油価格が一時一バレル一四七ドルにまで高騰したときのように、資源国を除いて全員が耐えられなくなるようなことがたびたび起きてしまうでしょうから。

▼定員一五％の近代資本主義

水野　国民国家を単位とした世界資本主義のシステムは、今後、中世から近代への転換に匹敵するような大きな構造転換をむかえるかもしれない。なぜ私がそう考えるのかというと、やはりそれも一九七四年という転換点にかかわっています。というのも、その転換点

図7 高所得国の人口シェア

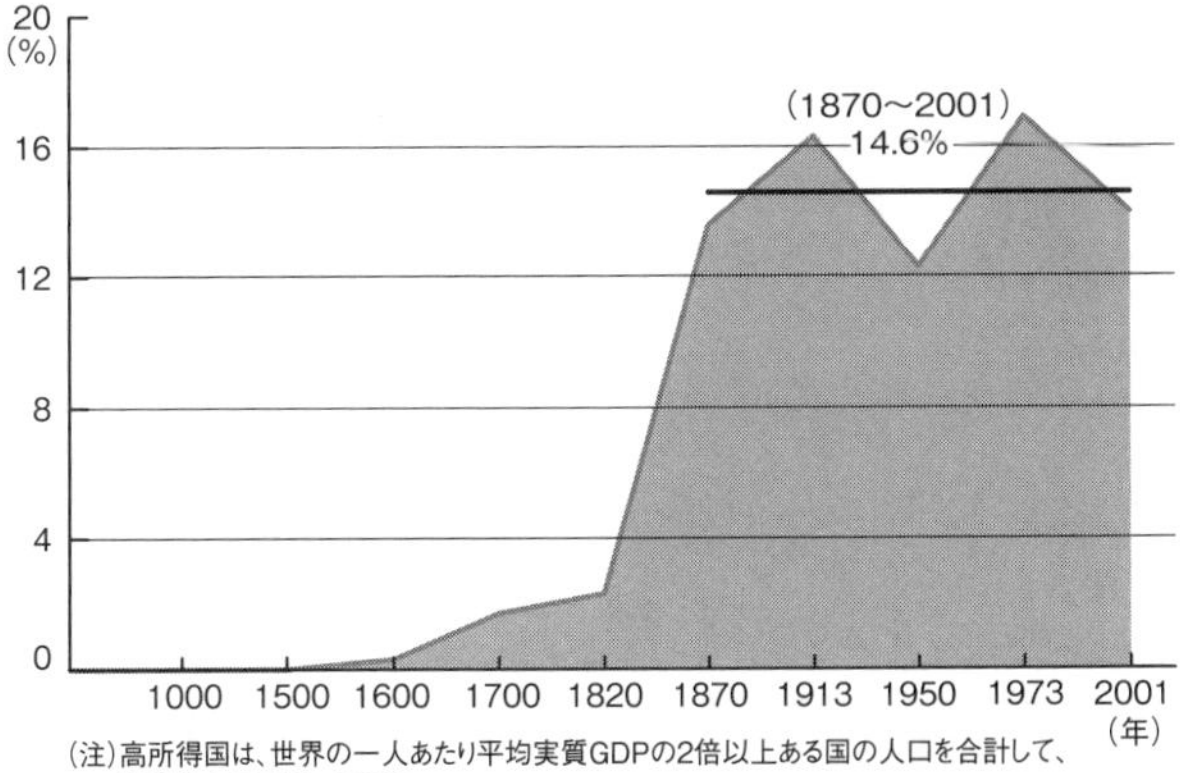

(注)高所得国は、世界の一人あたり平均実質GDPの2倍以上ある国の人口を合計して、世界総人口で割って計算
OECD "The World Economy: Historical Statistics" をもとに作成

は「ヨーロッパのグローバル化」から「全地球のグローバル化」への転換として位置づけられるからです。

図7は高所得国の人口シェアを示したものです。ヨーロッパのためのグローバル化は一六世紀にはじまりましたが、それが進展した一八七〇年から二〇〇一年までに着目してみると地球の全人口のうちの約一五％だけが豊かな生活を営むことができたのがわかります。ヨーロッパの価値観を受け入れた国ということで、このなかにはアメリカや日本も入っています。一三〇年間こういう状況が続いてきたことを考えると、どうも一五％が資本主義のメリットを受ける人々の定員である可能性

が高い。つまりこの一三〇年間は、先進国の一五%の人びとが、残りの八五%から資源を安く輸入して、その利益を享受してきたということです。

でも、一五%というのが本当に定員ならば、これから新たにＢＲＩＣｓ（ブラジル、ロシア、インド、中国）など新興国の人びとが豊かになりだすと、すでに豊かになっている先進国一〇億人のなかの誰かがはじき飛ばされることになりますよね。しかし先進国の人びとが「はい、どうぞ」と新興国の人びとに簡単に席を譲ることも現状では考えにくい。とすると、一五%の定員が二五%だとかそれ以上の定員に増えるような事態も起こりえると思います。その場合、エネルギーが足りなくなって、資源価格が急騰し、最貧国がいま以上に大きな打撃を受けることになるんじゃないでしょうか。

萱野　つまり一九七四年というのは、先進国が金融経済化していった転換点であるというだけでなく、それ以外の周辺国が発言力を増し、新興しはじめたという点で、世界資本主義の構造そのものがこれまでとはまったく変わってきた転換点でもあるということですね。だから、これまでのようにヘゲモニーがたんに別の国へと移転していくだけだ、とはちょっと考えられないのではないかと。

水野　そうです。ちなみに一九七四年というのは、イギリスで利子率がほぼピークとなった年です。これはひじょうに象徴的です。つまり、一五％の先進国が世界の周辺部を従属させながら搾取することで高い利潤率を維持するという構造は、この年を境に崩壊していくということです。

もともと資本主義はグローバル化を志向する傾向、つねに外へ外へと領域を広げていく傾向があるので、グローバル化と資本主義は表裏一体です。資本主義は、先述したように一六世紀ぐらいからはじまっているわけですが、そのときからつねにグローバル化をめざしていた。

しかし、それはあくまでもヨーロッパのグローバル化であって、つねに最大で一〇億人、あるいは世界総人口の一五％の人が恩恵を受けるという意味でのグローバル化でした。

一方、全地球がグローバル化する現代では、ＯＥＣＤ加盟国の一〇億人以外の、五七億人全員が資本主義の恩恵を受けようとするわけです。しかし、それは資本主義の前提条件に抵触してしまう。というのも、資本主義は基本的には安く仕入れて高く売ることで利潤率を高めていくものですが、全員がグローバル化していくと、安く仕入れる先がもうなくなってしまうからです。それが今まで大きな問題にならなかったのは、最大一五％のグローバル化でとどまっていたからだと思います。

しかし全員がグローバル化していくと、資本主義の競争はプラスサムではなくて、おそらくゼロサムゲームになっていくのではないでしょうか。

▼新興国の台頭がもたらす本当のインパクト

萱野　そうしたゼロサムゲームのゆくえについて、水野さんはどのように考えていますか。

水野　現在、先進国が一〇億人でＢＲＩＣｓなどの新興国の人口は少なくとも四〇億人ぐらいです。あわせて五〇億人になります。対してアフリカなど、「辺境」と位置づけられるのは一七億人程度でしょう。すでに豊かになった人とこれから豊かになれると思っている新興国の人を合わせて五〇億人に対して、その外側（「辺境」）にいる人は一七億人となり、豊かな国と将来豊かになれると期待している国は七五％、貧しい国は二五％となります。これまでの豊かな国が一五％、貧しい国が八五％という比率が、将来まったく逆になるという方向にむかっているのですが、七五％が近代化すれば、移動にかかわるコストは安いという近代の原則がなりたたなくなります。

ですのでこれからは、二五%の辺境をめぐって、従来の先進国に新興国があわさって資源の争奪戦が激化していくでしょう。

萱野　かつてはもっと「辺境」がたくさんあったわけですよね。

水野　ええ。転換点となる一九七四年で、当時の先進国七〜八億人に対して、共産圏を除いた「辺境」が一九〜二〇億人。つまり、言い方はあまりよくないけれど、外側に二・七倍ぐらいの余裕があったのです。

これは大きいなと思うんですよね。東インド会社のしくみは、結局、セブン・シスターズに至るまでずっと続いていたということです。安く綿を仕入れて、自国で付加価値をつけて高く売るというのが東インド会社のしくみなのですけど、一九世紀半ばに油田が発見されてからはそれがセブン・シスターズに変わってくる。たしかセブン・シスターズって、オランダ、イギリス、アメリカの企業しかないんですよね。

萱野　つまり、資本主義の歴史のなかでヘゲモニーを獲得した国だけなんですよね。この事実は、資本主義の歴史におけるヘゲモニーがどういうものだったのかということを如実にあらわしています。そこには、少数の先進国の人間が、大多数の周辺の人たちから搾取できるという構造があった。

水野　ところが現在では、宇宙貿易でもしないかぎりもうそういう構造は成立しません。少数の豊かな人が大勢の人たちに支えられることで資本主義がなりたっているとすれば、新興国が今後どんどん突き進んでいくと、たいへんな争いが起きてしまうんじゃないかと、うすら寒くなります。均衡にむかって動いているんじゃなくて、破滅のほうにむかって世界が動きはじめているんじゃないか、経済的にこういうかたちでもつのかな、と。

萱野　資本主義はこれまで世界人口の一五％定員だったのに、今後はそれ以上の割合の人が定員枠に入ろうとする。

水野　でも、それだけのイスはないわけです。

萱野　資源だってそんなにありませんからね。そうなったときに、今後どうなるのかというのが問題になってきますね。

水野　そういう意味では、先進国の一〇億人は、成長、成長といっている場合じゃないと思うのです。先進国がさらに成長をめざし、うしろから追いかける約四〇億の人も成長をめざすことになると、資源価格は天井知らずに跳ね上がります。二〇〇八年に世界は一バレル一四七ドルを経験しましたが、これでは世界経済が耐えられないことがわかったと思うんですね。

だから、世界資本主義の構造が変わっていくなかで重要となるのは、やっぱり新興国を合わせた五〇億の人たちがあんまりむちゃくちゃに資源をつかわないようにするということですね。そのためには逆に、資源価格をある程度高めに誘導しながらブレーキをかける。面とむかって「ゆっくり成長してくれ」なんて言えないですから、新興国がぎりぎり耐えられるぐらいの原油高を設定する必要があります。あるいは、資源は地球全体の公共財であるとして、市場の価格メカニズムに任していいのかどうかを考える必要があると思います。

今回の金融危機で日本やアメリカの成長率が一気に落ち込んで、それが戦後最大の危機だといわれました。売上高営業利益率の大幅低下の内訳を、リーマン・ショックによる販売価格の下落と原油価格高騰による減収とに因数分解すると、仕入価格の上昇が利益率の低下の七割を占めています。

萱野　そこまで原油高騰の影響は大きかったんですね。

水野　世界システムは今後、大きく変わっていきます。そのなかで五〇億人が「成長、成長」と言っていたら、全員が沈んでしまうところに直面していると思うのです。そうなると、一人あたりのGDPが四万ドルを超えている国々がさらにたとえば六万ドルをめざすよりは、中国の五〇〇〇ドルが一万五〇〇〇ドルになったほうが、地球としては平和なんじゃないかなという気がします。

▼資本蓄積地域の消失

萱野　さらに長期的にみるならば、中国あるいはインドが成長してしまうと、もう世界には経済成長を牽引《けんいん》できるような地域がなくなってしまうかもしれません。そうなると、世界中の生産力を吸収し、高い利潤率のもとでリターンをもたらしてくれる場所が世界から消失することになる。それこそ資本主義の根本的な危機が訪れますね。

水野　そういうことでしょうね。

萱野　おそらくそれはそんなに遠い未来のことではないでしょう。せいぜい三、四〇年後ぐらいだと思います。

たとえば自動車の販売台数でみると、中国市場もあと一〇年もしないうちに先進国なみに飽和化してしまうといわれています。そうなると新規需要の拡大はとまり、あとは買換え需要しかなくなりますので、中国の成長が世界経済をひっぱることもなくなるでしょう。そのときにどうするのか。世界のほとんどの地域に耐久消費財がいきわたり、資本主義がどこにいっても高い利潤率を生みだせなくなれば、何に投資しても十分なリターンを得られなくなり、そこでお金の動きもとまってしまうでしょう。

水野　本来はそれでいいと思うのです。逆にそのなかで経済がまわっていくようなしくみを考えなくてはなりません。

しかし、資本の論理からするとそうはならない。企業が利潤を極大化しようとするのは今後もつづくでしょうから。そうするとバブルの連続ということになり、ますます不安定な社会になりかねない。生存のために必要な食糧とエネルギーさえも金融商品化してしまえば、ますます頻繁にバブルの生成と崩壊が起こるようになります。そして、崩壊するたびに疲弊するわけですよね。

おそらく、バブルが生成する過程ででたプラスと崩壊する過程ででたマイナスを比べると、バブル崩壊による損失を公的資金で支えてもらえる資本階級にとってはプラスなんでしょうけれども、そうじゃない人たちには巨額の公的負担を負わせることになるし、職を失うリスクも大きいわけだからマイナスのほうが大きいでしょう。だからバブルを繰り返すたびに持ち出しのほうが大きくなり、資本主義自体が賛同を得られなくなる。そうなると、たとえば選挙をするたびに資本家にとって不利になるようなかたちになるかもしれませんね。

萱野　あるいは逆に、アメリカのように、貧困層の人たちは選挙にいかなくなってしまうかもしれません。失業や貧困などで社会から排除されてしまうと、選挙にいこうという発想そのものがなくなってしまう可能性がありますから。

水野　税金を払っていないと選挙権を剝奪《はくだつ》されるということだってあるかもしれませんよね。そっちにむかうと荒涼とした格差社会が固定化されてしまい、絶望的な世の中になってしまうでしょう。

第三章　資本主義の根源へ

▼資本主義は市場経済とイコールではない

萱野　さきほど、世界のかたちは今後、国民国家を単位にした国際秩序ではなくなっていくだろう、という議論がありました。もし世界資本主義におけるヘゲモニーが一国単位で形成されなくなるのであれば、そうした「脱国民国家化」の流れも現実的なものになるのかもしれません。

ただしここで注意しておきたいのは、その脱国民国家化の流れはけっして国家そのものがなくなるということではない、ということです。資本主義が国民国家の枠組みにもとづかなくなるということと、資本主義が国家そのものを必要としなくなるということとは、まったく別のことがらです。たとえ国家連合のようなかたちで世界資本主義のヘゲモニーが成立するようになるとしても、それはあくまでも「国家の連合」であり、国家自体がなくなるということにはなりません。

水野　私と萱野さんの認識に大きな違いはおそらくないだろうと思います。

私は「国家と資本が離婚する」という言い方をしばしばしますが、そこで意味されているのは、資本の活動がもはや一国の国民経済を豊かにする方向にはむかわないということです。生産拠点が新興国へとどんどん移転され、そこが資本蓄積の場所になると、先進国の資本は高いリターンをもとめてそうした新興国へとむかうことになります。そうなると、これまでの先進国の住民は資本から見放され、仕事がなくなり、必然的に貧窮化しますよね。資本が国民経済という枠組みから完全に解放されるということです。ただしそれはけっして資本が国家を必要としなくなるということではありません。

萱野　私がなぜ「国家」の問題にこだわるのかというと、資本主義を市場経済と同一視するような見方が日本ではとても強いからです。逆にいうと、資本と国家は対立するものだという前提に多くの人がたっている。新古典派の経済学者やエコノミストたちはだいたいそうですね。

こうした見方は、私のいる人文思想の世界でも根強くあります。とくに一九九〇年代の日本の思想界では、グローバリゼーションによって国境の壁がどんどん低くなり、国家もしだいに消滅していくだろう、ということがさかんにいわれました。当時はなぜか「国家を超える」ということが思想界での最大のテーマになっていて、その文脈でグローバリゼーションがやたら称揚されたりもしました。私が国家とは何かということを理論的に考えるようになったのは、こうした安易な「国家廃絶論」に辟易《へきえき》したからでもあるんです。国家とは何かを考えもせずに、安易に「国家の廃絶」とかいわないでほしいなと。

水野　国民国家と国家そのものを取り違えてしまったんですね。

萱野　そうなんですよ。ちょうど九〇年代というのは、アメリカがみずからの金融的なヘゲモニーを拡大するために、各国に対して規制緩和や民営化をせまっていた時期でした。各国の市場を開放させて、そこにアメリカの資本が入っていく。自由市場のスローガンというのは、いわばそのときのアメリカの方便だったわけですよね。その方便を、日本の思想界は真に受けてしまった。アメリカの国益に裏づけられたものを、あたかも国家そのものを否定するものとして受け取ってしまったんです。

こうした安易な国家廃絶論は、なんでも民営化していくべきだと考える市場原理主義者たちに典型的にみられるものですが、同時に、国家権力を批判しようとする左派やアナーキストたちにもしばしばみられます。アナルコ・キャピタリズム（無政府資本主義）なんてその典型ですね。両者に共通しているのは、資本主義市場は国家とは独立に存在しているという観念であり、資本主義がもっと発達していけば国家は消滅するだろうという想定です。

水野　なるほど。思想界では、資本主義を国家と対立するシステムとしてとらえてしまうような議論がかなりあったんですね。

私の言葉でいえば、アメリカの金融支配は「帝国化」ということになるのですが、「帝国」だって国家であることに変わりありません。国際政治学者のマイケル・ドイルの定義によれば、国民国家も「帝国」になりうるのですから、それはけっして国家がなくなるということではありません。

そもそも資本主義の歴史をたどれば、かならず覇権国の存在があります。一九九〇年代には、国際資本の完全移動性が実現されて、資本は国境をやすやすと越えていくようになりましたが、それ自体、アメリカが金融帝国化するための戦略だったということです。

萱野　そうなんですよね。資本主義が市場経済と同一視されると、そこはフラットな自由交易の世界であるかのようにとらえられてしまうんですが、実際のところは、イラク戦争がドル基軸通貨体制を防衛するための戦争だったように、市場のフレームそのものは国家のもとでの力関係によって決定されている。

水野　そのとおりだと思います。

萱野　たとえば思想の世界でいうと、経済学者の岩井克人さんや批評家の柄谷行人さんが市場と資本主義を同一視する論者の代表格です。岩井さんは『ヴェニスの商人の資本論』のなかで、商人たちによる遠隔地貿易が資本主義をもたらしたんだということを述べています。つまり、遠隔地で商品を買ってきてこちらで売れば、むこうとこちらでは価値体系が異なるので、その差異によって利潤がうみだされる、その利潤が資本となるのだ、と。資本主義の原型は複数の価値体系のあいだでのフラットな交易にある、という認識ですね。同じように柄谷さんも、資本主義の原理は異なる価値体系のあいだでの交換にあると考えています。

彼らの議論は、九〇年代から二〇〇〇年代前半ぐらいまで、思想系の論壇やアカデミズムでとても大きな影響力をもちました。でも、資本主義を市場における交換へと還元するような認識はそろそろ見直されなくてはなりません。

水野　交易条件ひとつをとっても、そこには市場には還元できない力が働いています。私たちの議論はそうした認識の見直しにもつながっているわけですね。

萱野　そうなんです。ですので、ここでは資本主義と国家の関係をすこし理論的に考えてみたいと思います。

　ここまでの議論からもわかるように、資本主義はけっしてたんなる市場経済として成立してきたのではありません。資本主義は長いあいだ、先進国が軍事力を背景に有利な交易条件を確立しつづけることで成立してきました。そこでは覇権国が平滑空間を創出して、対等な交換というには程遠いやり方で富を獲得してきた。この意味で、資本蓄積の原理というのは交換よりも略奪に近い。一九七〇年代以降の金融経済化の動きだって、けっして市場の力だけでなされたものではありません。それはアメリカという国家のヘゲモニーをつうじて、そのヘゲモニーを維持するために、なされてきたものです。資本主義はけっして市場経済とイコールではなく、そこには国家の存在が深く組み込まれている。そこのところをここではすこし理論的に考えていきたいと思います。

水野　なるほど。おもしろい論点ですね。

▼資本主義においても経済と政治は一体である

水野　では、まずは私からはじめさせてください。私は、近代の資本主義社会がどのようにそれまでの封建制社会から成立してきたのか、という問題を考えてみたいと思います。

中世の封建制社会が絶対王政もふくめた近代主権国家に変わっていくのは、一六世紀あたり、カール五世やフェリペ二世のころだと思います。当時は国王が資本家でもあるので、資本と国家はもともと一体でした。つまり、もっとも強大な資本家が国王も兼ねていて、彼が支配できる市場の範囲が国境線となっていくということです。

この段階では、市民革命以前なので、まだ国民は登場していません。まずは一五〜一六世紀に資本は国家と一体のものとして成立する。こうした資本と国家の関係でいいますと、いまの中国はちょうど一六世紀の体制なのかなと思います。共産党が資本家と国王を兼ねている。資本と国家が共産党のもとで一体化しているということです。

現在でも中国やロシアのような強権的な政治体制では、共産党やプーチンの側にいれば資産を没収される可能性はないわけです。だとすると、国家と資本が一体化したシンプルな資本主義というのは、特定の段階ではひじょうに効率的なのかもしれません。

一六〇〇年にイギリスが東インド会社を設立しましたが、そのころのイギリスは海賊国家というべきものです。当時のイギリスの軍司令官は、王室から略奪の許可証をもらった海賊ですからね。しかも、イギリスの海賊は、たんなる強盗とは違ってカトリックの船しか襲わないという規律をもっていました。


萱野　当時はまだオスマントルコが強大で、陸路によってインドにアクセスすることができなかったので、インドでの権益を確保するには海洋を制する必要がありました。その先頭に立ったのがイギリスの海賊たちです。イギリスの初期資本主義は彼らの存在ぬきにはありえませんでした。つまり略奪が初期の資本蓄積では本質的な役割を果たした。

これはアメリカでも同じです。アメリカは独立戦争のとき、こうしたイギリスの流儀をそのままイギリスの船舶に対して実践しましたから。そのときにイギリスの商船や艦船から略奪した富が、その後アメリカに陸揚げされ、それがアメリカにおける初期の資本蓄積を加速させました。

ドイツの歴史経済学者、ヴェルナー・ゾンバルトは『戦争と資本主義』のなかで、戦争が資本主義の歴史のなかでいかに重要な役割を果たしてきたのかを実証しています。資本主義の成立において軍事的なものがどれほど不可欠だったのかという点はもっと認識されるべきですね。

水野　つまりは、それは国家の役割の重要性ということになりますよね。

　資本主義は民主主義と一体化するといわれていますけれども、一体化するのは市民革命以降です。市民革命が起きてからは、国王がいなくなると同時に、国民が資本の担い手となっていく。つまり、国民のなかから資本家があらわれて、国民（＝資本家）と国家が一体化していくんですね。これは、一六世紀の国王（＝資本家）と国家の関係がそっくり国民にとって代わられた格好です。そう考えると、一六世紀からずっと資本と国家の一体化という事態はつづいてきたんだろうと思います。

萱野　マルクスだって『資本論』のなかで、資本の原始的蓄積は政治的になされるほかない、つまり物理的な強制力によってなされるほかない、といっていますしね。要するに略奪です。最初に資本を蓄積した人たちというのは権力者でもあり略奪家でもあったということですね。

結局、資本主義においても経済と政治は一体なんです。とくに初期のころほど経済的主体と政治的主体は一致している。富を獲得し資本を蓄積しようとする主体が、同時に暴力を行使する主体でもあるのです。イギリスの東インド会社なんてその典型ですよね。「会社」といいながら、軍隊をもち、交戦をし、条約まで締結するんですから。

もちろん、だからといって私は、資本主義は暴力だということを告発したいわけではありません。資本主義以前の社会において略奪は第一級の経済活動であったのと同じように、資本主義においても略奪というのは本質的なファクターだということを指摘したいのです。その略奪が資本主義における搾取の原型となった。これは、初期の資本主義だけでなく、有利な交易条件のもとで成立してきたその後の資本主義にもあてはまることです。資本主義を市場経済と同一視する人たちは、そうした事実を見落としてしまっているんですね。

▼資本主義の特徴はどこにあるのか

水野　ただ、そうなると資本主義の資本主義たるゆえんはどこにあると考えたらいいでしょうか。資本主義以前の時代であっても、国家と経済はむすびついていました。古代の専制国家でも封建制国家でも、富の蓄積は軍事力や権力の行使によって達成されていた。土地の支配者が人びとから強制的に富を徴収するというかたちですね。だとするなら、資本主義の特徴はどこに求められるのでしょうか。

萱野　そうですね。これまで議論してきたように、資本主義は市場経済とイコールではなく、市場経済のフレームを決定する非市場的な力関係のもとではじめて成立しています。ただ、資本主義がそれまでの社会体制と違うのは、そうした全体的な構造のもとで、政治的主体と経済的主体が徐々に役割分担していくところです。

水野　役割分担とはどういうことですか。

萱野　図式的にいうと、もともとは暴力を背景にして人びとの労働を支配していた主体が、資本主義社会の進展によって、一方は暴力を専門的に担う主体（つまり国家）へと、もう一方は労働を管理する主体（つまり資本家）へと分離してきたということです。これによって、国家のほうは直接には経済活動にかかわらなくなり、また資本の担い手のほうも暴力をみずから行使するということがなくなってきました。だからこそ、近代資本主義社会においては、国家は領主のような土地の所有者ではなくなるんです。もちろん国有地は残りますが、それが国家の活動における主要な要素ではなくなってくる。その一方で、所有者としてみずからの所有権のもとで経済活動をするのは資本家となる。国家が所有の主体ではなくなってくるところに、資本主義社会の特徴があるのです。

水野　なるほど。国家が経済主体ではなくなってくるところに資本主義の特徴があるんですね。

萱野　そうです。資本主義のもとでは、政治の領域と経済の領域のあいだで役割分担が確立してくるんです。もともと国王が資本家でもあった状態から、国家権力の運営にたずさわる専門家と、労働を組織して事業をおこなう資本家が分かれてくるんですね。資本主義の歴史のなかで生じてきたのは、こうした役割分担です。

ちなみに似たような役割分担はやくざ組織でもみられます。もともとはやくざ組織もたんなる暴力組織ではなく、みずから組織した暴力を背景に、賭場《とば》の開帳や労務管理など、さまざまな事業を展開していました。つまりそこでは政治的主体と経済的主体が渾然《こんぜん》と一体化していた。しかし戦後になると、やくざ組織も暴力を専門的に担う部門と、フロント企業のようなかたちで経済活動に特化していく部門とに役割分担していきます。そっちのほうが効率的だからですね。

水野　資本主義システムにおいても政治と経済が一体であるのは変わらないけれども、その全体のもとで政治的役割と経済的役割が別々の主体に分担されるようになってくる、ということですね。それがいまの国家と資本のすがたになっていると。

萱野　そうなんです。そこが重要なところだと思うんですが、いくら政治と経済のあいだで役割分担がなされようと、資本主義そのものは両者のむすびつきによって成立している。資本主義社会ではどれほど経済活動が政治から離れてなされているようにみえても、だからといって市場経済だけで資本主義が成立していると考えることはできないんです。

水野　資本主義をあたかも市場だけの問題であるかのようにとらえてしまうのは、そうした役割分担の結果のところだけをみているからなんでしょうね。

萱野　そうなんでしょうね。でも現代だって、よく注意すれば、資本主義が市場経済だけで成立しているわけではないことはわかりそうなものですけど。

たとえば、二〇〇八年の金融危機では、アメリカの金融機関に莫大な公的資金が注入されましたよね。あれほど国家による市場への介入を批判してきた金融機関でも、いざとなれば国家に頼らざるをえないわけです。

これは理論的にいえば、資本主義は市場の論理だけでは存立できない、ということです。国家というのは、この社会で唯一、市場とは別の論理でお金を合法的に調達できる存在です。つまり税ですね。市場というのは所有権にもとづいて交換がなされたり資本蓄積がなされたりする場所ですが、国家はその所有権をこえて人びとからお金を集めることができる。今回の公的資金の注入で示されたのは、そうした国家の存在がなければ、市場自体なりたたなくなってしまうということです。市場での富のやりとりは、税という非市場的なお金の動きを前提として成立しているのです。

水野　よくわかります。

萱野　こうした市場と税の関係は、さきほどの役割分担の話にもかかわっています。というのも、役割分担がなされることで、資本主義社会には、税というかたちで権力的に富を蓄積する運動と、市場における利潤というかたちで経済的に富を蓄積する運動の、ふたつの運動ができるからです。そして資本主義がふたつの役割のむすびつきでなりたっているように、これらふたつの運動も相互にむすびつくことで資本主義をなりたたせている。

水野　国家による税の徴収と、資本による利潤の追求が合わさって、資本主義における蓄積というものがなりたっているということですね。

萱野　はい。資本主義の歴史のなかで国家による税の徴収やその支出が資本蓄積に果たした役割は、もっと議論されてもいいのではないでしょうか。

▼経済システムの変更をうながした利子率革命

水野　いま萱野さんがおっしゃった資本主義成立のロジックは、私がさまざまな著作で繰り返し述べている、一六世紀末から一七世紀初頭にかけておきた利子率革命と密接につながっていると思いました。

さきほどもジェノヴァの金利低下について少し説明しましたが、利子率革命とは、中世になってつづいていた高金利が、一六世紀末から一七世紀にかけてヨーロッパ全域で急落した現象のことをいいます。なかでもイタリアのジェノヴァでは、一六一九年に一・一二五%と、それまでのローマ帝政の五賢帝の時代に記録した最低金利の四・〇%を一六〇〇年ぶりに更新しました。

なぜこの利子率革命が萱野さんのお話とつながるのかといえば、利子率革命によってまさに中世の封建制・荘園制が崩壊し、資本主義経済への転換が起きたからなんですね。

萱野　ひじょうに興味深いです。順にお話をうかがわせてください。そもそも一六世紀半ばから利子率が下がってきていますが、これはなぜなのでしょうか。

水野　まず、一三世紀から資本主義経済が誕生する直前の一五世紀までの中世では、歴史学者のブローデルが「労働者の黄金時代」とよんでいるように、農業の技術革新によって農民の実質賃金が伸びていきました。農民の実質賃金が上がるということは、封建貴族の取り分は少なくなるということです。そうなると、支配者は投下した元手の回収が危うくなります。

萱野　その場合、農業の生産性が上がったぶん、年貢を重くすることはできなかったのですか？

水野　一四世紀にはヨーロッパの人口が減少するんです。人口が減ると、労働者も希少になりますよね。だからあまり労働者を酷使できない。たくさん年貢を取ると、みんな逃げてしまうから。

図8　イギリスの実質賃金と消費者物価

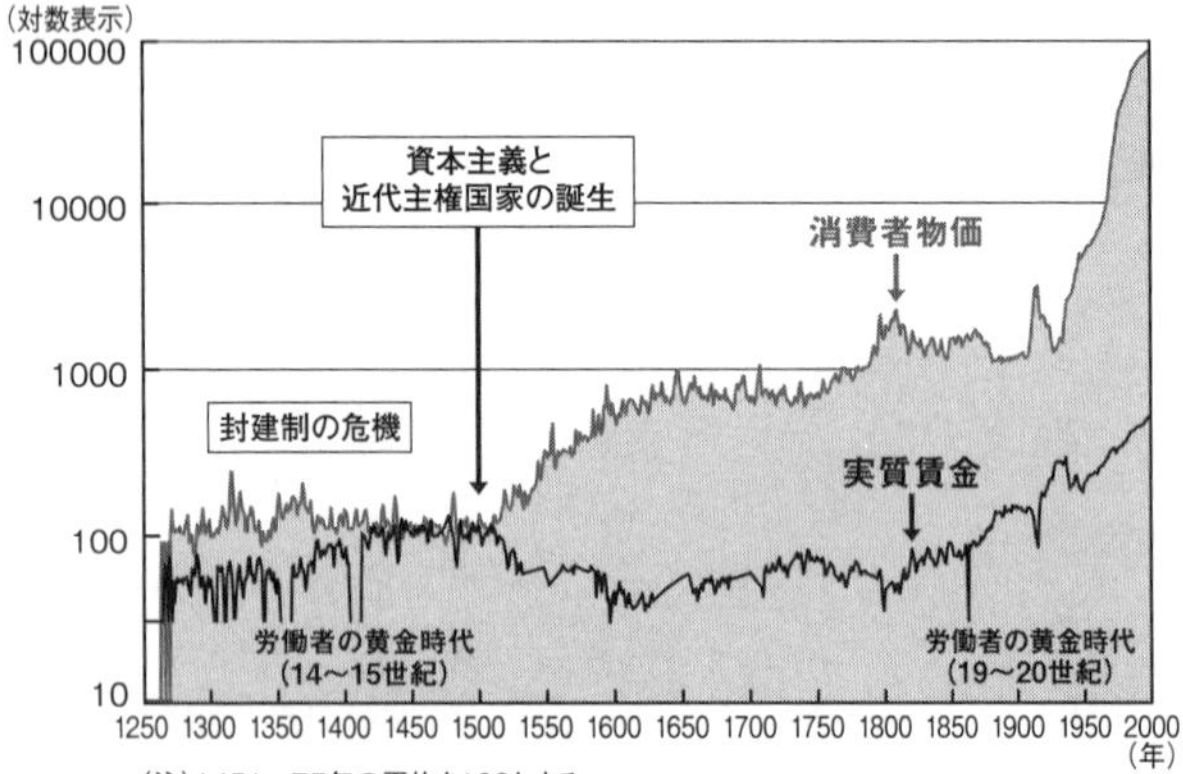

(注)1451～75年の平均を100とする
B.R.ミッチェル『イギリス歴史統計』『マクミラン世界歴史統計』、OECD “Economic Outlook” をもとに作成

萱野　なるほど。だから租税を重くすることはできずに、農民の実質賃金は上昇していくんですね。

水野　そうです。だから封建制は、労働者の生活水準を高めるという意味では成功したシステムだったのです。実際、イギリスでは一四世紀初めから一四七七年まで、一六〇年にわたって労働者の実質賃金はずっと上がりつづけます（図8）。仮に一四世紀初めの時点で、農民と地主が付加価値を半分ずつ分け合ったとしましょう。そう仮定すると、一五世紀末の段階では、地主の取り分はほぼゼロになってしまう計算なのです。

労働分配率とは総人件費を付加価値（総人

件費と企業利潤の合計）で割った比率です。この比率を展開すると、労働分配率は一人あたり実質賃金を労働生産性で割った比率になります。中世の「労働者の黄金時代」に一人あたり賃金は二・三倍になり、一人あたり労働生産性は〇・一三％増加したので、労働分配率は一・九倍に高まったことになります。初期時点の労働分配率が五〇％だとすると、一六〇年かけて九五％まで高まった計算になりますから、地主側の分配率はほぼゼロになってしまったと推測することができます。これで、当時の封建領主は中世社会を維持しようとするインセンティブをなくしてしまったのでしょう。

萱野　農民の実質賃金が上がりすぎて、地主をやっていても儲からなくなってしまったんですね。つまり利潤がほとんどなくなってしまった。

水野　まさしくそのとおりで、利潤率というのは長期的にみれば利子率とほぼイコールになりますから、利潤率の低下は利子率の低下としてあらわれるんですね。イタリアのジェノヴァで金利が一六一九年に一・一二五％になったということは、労働分配率が上がりすぎて領主が利潤を得ることができなくなってしまったことを意味しています。この時期には、イタリアのみならず、スペインやオランダも軒並み、自国の最低金利を更新します。

これが一六世紀末〜一七世紀初頭に起きた「利子率革命」とよばれる事態です。

こうなると封建制は危機に陥ります。領主の側からすると、封建制のもとでは利益を得ることができなくなるわけですから。

萱野 かといって領主たちは重い賦課にすることもできない。

水野 そんなことをしたら、農民は土地をすてて封建領主から逃げていきますからね。結局、封建制から新しいシステムへと移行するしかなくなっていく。

萱野 なるほど。それで封建領主たちは土地の支配者であることをやめていくんですね。これによって政治と言いかえるなら、土地の所有が政治的な支配から切り離されていく。これによって政治と経済のあいだの分離が進行していくのです。

土地の所有が政治的な支配から切り離されていくというのは、要するに、土地の所有権が抽象的な私的所有権になっていくということです。なぜそれが所有権の抽象化として考えられるのかというと、それによって所有権が具体的な社会関係に依存しない、純粋な所有権になるからです。

封建制のもとでは、領主による土地の所有は、領主と農民のあいだの主従関係に依存していました。つまりそこでは所有権は特定の社会関係のもとではじめて成立するものでした。しかし、土地の所有が政治的な支配関係から切り離されると、その土地の所有権はそうした社会関係には依存しない純粋な私的所有権となる。つまり、たとえその土地に住んでおらず、耕作などの活動をしていなくても、土地を売買したり賃貸したりできるようになるわけですね。これが土地を資本として活用することへと道を開きました。まさに所有権の抽象化によって資本主義がはじまるのです。

水野　まさにそうだと思います。中世後期は労働者の黄金時代であると同時に、支配層にとっては最大の危機でした。ウォーラーステインが『近代世界システム１６００〜１７５０』で次のようにいっています。「この（封建社会の）危機を脱するには、徹底した社会変革以外の方法はありえなかった。（中略）その道こそは、余剰収奪の新たな形態である資本主義的世界システムを創造することにほかならなかったのである。封建的生産様式を資本主義的生産様式に置き換えるというのが、領主反動の実態だったのである」（三二頁）と。

具体的には、封建領主のなかの代表選手が国王になり、絶対王政を確立していきます。

たとえばハプスブルク家のように、何百人といる貴族が一人の国王を盛り立てて、小さな封建単位から大きな国家単位へと移行していく。こうして封建貴族たちは土地の支配者であることをやめていくんですね。

萱野　つまり、近代の資本制というのは封建制に対立するものというよりは、封建制が機能不全になったのを乗り越えようとすることで生まれてきたものだということですね。ドゥルーズもいっています。ブルジョワジーは封建制に敵対したのではなく、封建制では扱いきれなくなったものに対処しようとしたのだ、と（『無人島1969-1974』）。

要するに、所有権を特定の社会関係から切り離し、そのもとで労働を組織化する新しい原理をあみだしていったのが資本主義だということですね。そこでは、国家は所有の主体であることをやめ、純粋な私的所有の空間を法的・行政的にマネージしていくような主体になっていくのです。

▼一六世紀のグローバル化と現代のグローバル化との相同性

水野　もうひとつ、イタリアで起きた利子率革命が興味深いのは、日本でいままさに二一世紀の利子率革命が起きているからです。

日本の一〇年国債の利回りが二％以下で推移して一四年目に突入しています。最低利回りは一％を大幅に下回って、ジェノヴァ以来の人類史上最低を記録しました。イタリアがそうだったように、日本の超低金利は、近代主権国家にもとづく近代資本主義世界システムが転換期に入っていることを示唆しているように思うのです。実際この超低金利は日本に固有の問題ではありません。アメリカやドイツの一〇年国債利回りも早晩、日本と同じように二・〇％を下回る可能性が高いと思います。

さきほど説明したように、一六世紀末からの利子率革命では、領主の利益が薄くなっていくと同時に、労働者の生活水準が年々上がっていきました。じつは同じことが一九世紀から二〇世紀にかけてもあてはまるんです。産業革命がはじまって一九世紀に入り、ビスマルクが国民皆保険を実施し、二〇世紀になる。一九世紀後半、ビスマルクの国民皆保険制度導入を契機にして、実質労働賃金は二〇世紀末にいたるまでずっと上がりつづけるんですよ。しかも、一四世紀から一五世紀の「労働者の黄金時代」を上回る勢いで、一九世紀から二〇世紀になると労働者の生活水準が向上しました。中世封建制・荘園制社会がそうであったように、資本主義も働く人の生活水準を持続的に上昇させるシステムとして成功し、その帰結として経済の成熟化が起きていると理解することができます。成功したがゆえの長期停滞なのです。そうだとすると、先進国はゼロ成長社会を前提としてシステムを持続させることを考えていく必要があると思います。

リーマン・ショックが起きた後、資本の分配率はマイナスになり、労働分配率は一〇〇%を超えてしまう。「一〇〇年に一度」の大不況下という特殊要因はあるにせよ、資本の側がまったくリターンを手にできないというのは、一六世紀末からの利子率革命とまったく同じなんです。そして日本の国債の利回りがリーマン・ショックから二年たって、二〇一〇年八月にふたたび一・〇%を下回るようになりました。これはたんなる不況のせいではなく、構造的に資本のリターンが上がらないということを反映したものだと考えたほうがいいと思います。

萱野　なるほど。つまり現在の資本主義もまた、中世封建制が近代資本制へと転換していったのと同じぐらいの大きな転換期にあるということですね。

水野　そうなんです。封建社会と資本主義社会ではしくみがちがうのですが、それが転換していくきっかけは一緒なのかなと。そして、これらのシステムの転換というのはどちらもグローバル化という現象としてとらえられると思います。

たとえば中世の封建制から近代の資本制への移行がなされたとき、ヨーロッパの小さな封建領主からみればそれはグローバル化として実感されたはずです。数百人という封建領主がそれぞれ独立して競争していたのでは、利益も薄いし、農民との力関係が逆転してしまうという危険もあった。そこで数百人の封建領主がひとつの国をつくって、大航海時代に乗り出していくのもひとつのグローバル化ですね。

だから私たちがいまグローバル化を体験しているように、一六世紀のイタリアのジェノヴァに住んでいた人たちからみると、スペイン帝国やイギリスが主導した大航海時代は大変なグローバル化として体験されたはずです。利子率革命を経て、かつて都市国家が国民国家へと再編成されていったように、現在のグローバル化においては国民国家もより大きな政治単位にまとまっていくのではないでしょうか。たとえば、EUにおいて複数の国家がまとまって共同体をつくったように。

萱野　たしかに、封建諸侯が近代主権国家へと統合されていった要因を考えると、現在のグローバル化においても似たような要因が働いていることがわかります。

ドイツの社会学者ノルベルト・エリアスは、封建的な政治単位が近代においてもっと広い単位へと統合されていった要因について、ふたつのことを指摘しています。ひとつは貨幣経済の広がりであり、もうひとつは軍事技術の発達です。

まず、貨幣経済の広がりについてですが、それまでの封建制では、国王は戦争に勝つと、奪った土地を臣下たちに分け与えていたわけですよね。日本でもそうです。徳川家康は対立勢力を倒して全国を平定すると、大名たちに領地を分け与えました。その土地の分与は、臣下たちがその土地をみずからの武力で支配し、それによってそこに独立した権力圏ができるということを意味します。ヨーロッパ中世の国王というのは、そうした各地域を割拠する封建領主をまとめて、戦争を指揮する存在でした。しかし、ひとたび戦争が終われば、諸侯たちはみずからの領地に帰っていく。つまりそこでは権力の遠心化作用が働いて、各地域は自立的な権力空間として分立するのです。

しかし、中世も後期になり貨幣経済が発達すると、国王は俸禄として貨幣を与えるようになる。この時期、国王になるような有力な封建領主は、広範な支配権のもとでいち早く市場経済にむすびついて貨幣を蓄積するようになるからです。その貨幣を給与として自分の臣下に与えるようになるんですね。

そうなると、それまでの権力の遠心化作用は止まり、集権化が進むようになる。そしてその集権化によって国王は権力を増大させていき、それまで群雄割拠されていた地域をひとつの政治単位として支配できるようになっていくんです。

水野　つまり貨幣経済の発展が、広い範囲での政治統合を可能にしたと。これは、現代でいうと、国際資本の完全移動性が実現されることでグローバル化がすすみ、国民国家の枠組みがそこから取り残されてきたことと対応しますね。

萱野　そうなんです。

▼グローバル化する現代の軍事力

萱野　もうひとつの軍事技術の発達というのは、具体的には火器の発明と普及ということです。それまでは、戦士貴族が鎧《よろい》をきて馬に乗って、重騎兵部隊をつくって戦うというのが、戦争の基本的な形態でした。その場合だと、たとえ国王が部隊を統率しているといっても、戦士たちの独立性はものすごく高い。国王が戦争をやめようと思っても、戦士たちが戦うといったら国王はそれに従うしかない。しかし、銃が発明されると、状況はまったく変わってくる。銃器をいち早く取り入れることができた国王は、銃をもたせた歩兵部隊をみずから指揮することで、戦士貴族たちを相対的に無力化し、彼らの独立性をなくしていくことに成功するからです。その結果、国王の権力のもとに戦士貴族たちは統合されていき、彼らが割拠していた土地も国王のもとに統合されていく。こうして絶対主義王政の原型が生まれてきたのです。

水野　なるほど。銃という軍事テクノロジーの発達が政治の枠組みを拡大したというのはおもしろいですね。

萱野　おそらく同じことは現代にもあてはまるのではないでしょうか。現代では軍事的なテクノロジーがあまりに発達しすぎて、その生産が一国だけで完結することはほとんどなくなりましたから。

水野　たとえばパトリオットミサイルなんて、もう一国だけでは生産できないわけですよね。つくるのはアメリカでも、日本の部品が入っていますから。ジャンボジェットもそうですね。日本の翼とかいいますし。

萱野　そういったことを考えると、いまや先進国が連合しなければ、軍事力を維持することができなくなってしまった。EUなんてその典型例ですね。ヨーロッパの主権国家って、日本と比べてものすごく小さい。フランスのような大国だって、日本の半分の人口ですからね。ドイツが最大で八〇〇〇万ぐらいですね。

そうなると、いまの時代に一国だけで軍事力を運営しようとしても、どうしても無理がでてきます。そこで、もっと大きな規模で軍事力を運営しましょうという話になって、ユーロ軍という構想ができてくる。EU大統領（欧州理事会常任議長）や、外交・安全保障の上級代表である外務大臣のポストを新設することなどを定めたリスボン条約（二〇〇七年）はその象徴的なステップです。

水野　まさに軍事テクノロジーの発達が、これまでの主権国家の単位を小さいものにしているんですね。

萱野　さらにそれによって戦争の形態も変化してきましたよね。たとえば冷戦以降は、二国間の戦争はほとんどありません。世界の主要国が連合して、一部の国や非国家的アクターを警察行為的に取り締まるというのが現代の戦争のかたちになっている。そこでは国連を中心とする場合もあれば、アメリカを中心とする場合もありますが、どちらにせよ戦争はどんどん警察行為に近づいているんです。これをシュミットは世界内戦とよびました。

そうなると、日本のような国は立場が悪いですね。日本は憲法の制約から戦争には参加できませんといっても、なぜ世界の警察行為に参加できないんだ、と問われてしまいますから。戦争に参加しないと、主要国連合による世界の取り締まりの正当性に否をつきつけることになってしまい、追い込まれてしまう。

それはともかくとして、戦争の形態が世界内戦というかたちに変化していることも、政治単位が主権国家をこえて統合されつつあることのひとつのあらわれであるような気がします。さまざまな主権国家が屹立《きつりつ》しながら対立するんじゃなくて、逆に国家同士がひとつにまとまって世界統治をしていくという方向にむかいはじめているということでしょうね。

水野　そうした軍事力のグローバル化という動向は、当時の封建領主に起こったこととまったく同じ構図にあると思うのです。軍事力を一国で支えるにはあまりにそのスケールが大きくなってしまったように、資本の動きを一国で支えるにはあまりにそのスケールがでかくなってしまった。

萱野　いわゆる国民国家の枠組みでは、もはや世界資本主義を担うような主体にはなれなくなったということですね。

水野　そうですね。それが最終的には資本と国民国家の分離ということになる。利子率革命という点からみても同じことがいえます。利子率革命とは、低成長の時代になって資本が高い利潤を求めて海外にいくことを意味します。それによって日本でも工場の海外移転がすすみ、それこそ労働市場を国内的に維持することができなくなる。国民経済が資本によって支えられなくなってしまうんですね。つまり、国民国家は資本に裏切られたかたちになっていってしまうのです。

第四章　バブルのしくみと日本の先行性

——日米関係の政治経済学——

▼ニクソン・ショックの歴史的位置

萱野　私たちはここまで、資本主義は現在どのような歴史的状況にあるのか、ということを議論してきました。そこで明らかになったのは、資本主義はいま極限的な状態に達しつつあり、これまでになかったような大きな歴史的転換をむかえている、という現実です。

では、そうした極限的状況を日本経済はどうやって乗り切っていけばよいのでしょうか。この問題を考えるために、まず、金融化するアメリカ経済のもとで日本経済はどのような状況におかれてきたのかを確認していきたいと思います。

水野　二一世紀の利子率革命がまさに日本で進行しているように、ある意味で、資本主義の極限状態が日本でもっともあからさまにあらわれています。その日本を、金融経済化してきたアメリカに対してどのように位置づけるかは、とても重要な問題ですね。

萱野　そこで最初に水野さんにお聞きしたいのは、一九七一年のニクソン・ショックの歴史的位置づけです。このニクソン・ショックは八月一五日にだされたことからもわかるように、アメリカの対日貿易赤字の問題をひとつの背景にしています。つまりそこには、拡大する経常収支赤字をまえに、変動相場制に移行することでドルを切り下げ、自由に財政政策をおこなえるようにしようという目的があった。

これに対して、九五年にルービン財務長官によって打ちだされた「強いドル」政策はまったく逆の方向をむいていますよね。ドルの切り下げではなく、ドルを強くすることがアメリカの国益なんだといわれているわけですから。すでに議論したように、アメリカの金融帝国化はこうした「強いドル」政策のもとで実現しました。

だとするなら、ニクソン・ショックはアメリカの金融経済化の過程のなかでどのような位置を占めるのでしょうか。アメリカの金融経済化は、交易条件の悪化した七〇年代からはじまっています。しかし、七一年のドルの切り下げというのは、その後の「強いドル」政策と対比させると、そうした金融帝国化の逆をいっているようにみえる。これをどう考えるべきでしょうか。

水野　思うに、ニクソン・ショックと変動相場制というのは「強いドル」が実現されていくための伏線だったのではないでしょうか。

外務省の副報道官だった谷口智彦氏が『通貨燃ゆ』という本を書いています。そのなかで、苦境に立たされているはずのニクソンがひじょうに強気な発言をしていることが指摘されています。

萱野　どんな発言ですか？

水野　ニクソンは「この政策の目的、効果は長期的に言うと、ドルを強くすることである。弱くすることではない」（『通貨燃ゆ』二九九頁）と、金・ドル交換停止策の真の目的を明確に述べています。これまではアメリカが援助したおかげで、欧州やアジアの経済は立ち直った。でもこれからは平等な競争をやる。だから自由を防衛する負担は各国が公平に分担すべきだ、と。そのひとつの政策がドルの事実上の切り下げで、それによって長期的にはアメリカが強くなる、すなわちドルが強くなるのだと、ニクソンは考えていた。この意味で、ルービンの「強いドル」宣言はニクソン・ショックの延長線上にあるのです。

萱野　なるほど。それまでドルが強かったのは、アメリカが戦争でボロボロになった各国の経済を助けるためだったのだ、いつまでもアメリカに頼ってばかりいるな、ということですね。こういう強気な論理展開はとてもアメリカらしいですね。

ただ、やはりドルの切り下げはアメリカ製造業の国際競争力を高めるためのものだったんですよね。とするなら、ニクソン・ショックはあくまでも実物経済のレベルでのアメリカの国益を追求したものだということになる。その点では、金融経済化の動きとは別なもののような気もするんですが。

水野　そうですね。たしかにニクソン・ショックにおける政策目的のひとつは、ドルの切り下げでした。もうこれ以上、経常収支赤字が膨らんだらアメリカはたまりませんから。

しかしそこにあるのは、やむをえずドルを切り下げるという姿勢ではなく、貿易相手国の通貨の切り上げを迫るという姿勢なんですね。アメリカを強くするために相手国通貨を切り上げるのだ、と。つまり、おそらくこの時期から、アメリカを強くするために金融市場を利用するという政策方針がでてきたのだろうと思います。

萱野　なるほど。ドルの切り下げがアメリカの製造業にとって有利になるという点自体が重要なのではなく、むしろ国益のために金融市場が利用されるようになったという点が重要なんですね。

たしかにその後、対日貿易赤字の問題も、牛肉やオレンジといった個別分野の交渉から、日米円ドル委員会（一九八三年設置）のような、日本の金融資本市場のあり方を問うような協議へとかたちをかえていきました。実物経済の問題が金融市場の問題として議論されるようになっていくんですね。

水野　そうですね。おそらくアメリカの共和党は、実物経済で勝負するというよりは、金融経済で優位性を確立しようと一貫して考えていたと思います。ニクソンの考えは一〇年たってレーガンの「強いドル」政策に受け継がれます。そして、また一〇年たってブッシュ以上に共和党的だといわれたクリントン政権がレーガンの「強いドル」政策を継承します。

萱野　ニクソン・ショックの翌年には、通貨先物取引市場がシカゴ・マーカンタイル取引所（CME）につくられます。変動相場制における為替リスクをヘッジするためですね。これが金融派生商品の拡大をもたらしました。そう考えると、ニクソン・ショックはやはりアメリカの金融経済化の第一歩だったんでしょう。

水野　その流れのなかで八三年五月にはWTI先物市場がニューヨーク・マーカンタイル市場（NYMEX）に創設されて、石油も金融商品化されていきます。ニクソン・ショック以降、こうしてアメリカの金融市場がどんどん拡大していくんですね。

▼レーガノミックスはなぜ失敗したのか

萱野　では、八〇年代のレーガン政権についてはどうでしょうか。七〇年代以降、アメリカは低成長となり、経常収支赤字と財政赤字がどんどん増えていきます。そんななか、レーガン政権も一時的にですが「強いドル」政策をおこないますよね。こちらの政策のほうは成功しなかったんでしょうか。

水野　一時的にはうまくいったのですが、結果的には失敗だったと思います。八五年にはすでにプラザ合意でドル安政策に転じていますし。

レーガノミックスではドル高政策と金融引き締めをやりました。それで外国資本は高金利に魅《み》せられてアメリカに流入したのですが、これに対してアメリカ自身の実物経済が長期的な高金利には耐えられなかったのです。加えて、九五年以降の「強いドル」政策ほどには外国から資本を集められませんでした。八〇年代は九五年以降とちがって、まだ国際資本の完全移動性が実現していなかったからです。ニクソン・ショックはたしかにアメリカの金融帝国化の端緒を開いたわけですが、変動相場制だけでは国際資本はぜんぜん動かないのです。

萱野　それはなぜでしょうか。

水野　やっぱりニクソン・ショック以降、ドル安懸念がつねにつきまとっていたことが大きいと思います。ドル安によって一五〇円のドル債が一〇〇円になってしまうかもしれないと思ったら、いくら変動相場制で資本が移動しやすくなったとしても、買う気にはなりませんよね。だからドルと金の兌換《だかん》を停止したあとのアメリカは、つねに貯蓄不足に悩まされつづけることになるのです。

萱野　なるほど。

　では、金融引き締めのほうはうまくいかなかったのでしょうか。金融引き締めというのは金利を高水準に維持するということですよね。金利が高ければ外国からの投資を呼び込めそうですが。

水野　たしかに理論的にはそうなんです。金利が高ければ世界中がアメリカに投資する。そして世界中から資金が集まってくるようになる。レーガン政権はそれによって経常収支赤字を埋め合わせようとしたんですね。

萱野　たとえば日本からの輸入に対して日本への輸出が伸びず、貿易赤字が増えたとしても、海外から投資してもらうことによって、その赤字分を埋め合わせることができる。

水野　ただ、高金利のときに外国資本を呼び込むと、利払いで苦しくなってしまうんですよ。当時は八％ぐらいの利回りでアメリカは国債を発行していましたから。

萱野　金利が八％もあったら利払いだけでたいへんですよね。

水野　ええ。それによって結果的に、外国人投資家に対する利払い費がどんどん増えていきました。つまり、アメリカから外国への所得流出が起こってしまったのです。こうして最終的には、レーガン大統領の強いドルによる高金利政策は八二年から八五年のプラザ合意までの三年間ぐらいしかつづかなかったのです。

▼ルービンの「強いドル」政策が成功した理由

萱野　同じ「強いドル」政策でも、八〇年代のレーガノミックスは失敗して、九五年のルービン財務長官のときは成功した。その違いは何だったのでしょう？

水野　九五年の「強いドル」政策のときは、金利ももちろん四〜五％と低かったのですが、さらに大きく違うのは、レーガン時代には債券でお金を集めたのに対し、ルービンのほうは、債券でも集めるんですけど、主力は株式で集めたところです。

萱野　債券と株式で具体的にはどう変わってくるのですか？

水野　八〇年代のアメリカは、国債を外国人投資家に売ってお金を調達しようとしました。そうすると当然利払いが発生しますよね。でも、ルービンの時代には、国債や政府保証債よりも、アメリカ企業に対する直接投資や株式投資のほうに重心が移っていくのです。つまり、主たる資本流入が株式をつうじたものに変わってくるんですね。

二〇〇一年ぐらいに、ルービンの後任のサマーズ財務長官が「アメリカの借金は借金ではない」なんてことを言いはじめます。たしかに、国際収支の中身をみるとエクイティとして資金が入っているので、それは借金じゃないといえなくはないんですけど（笑）。

萱野　要するに、株式の場合だと利払いが発生しないからいいんだと。

水野　そういうことですね。当時はたとえばドイツのダイムラーベンツがアメリカのクライスラーを買ったり、ドイツバンクがアメリカの銀行を買ったりしていました。どちらも株式で買っていたので、景気が悪くなれば配当をおさえればいいわけです。

だから、レーガン時代のようには対外的な支払いは増えなかったのです。そのおかげで十数年もったということですね。

萱野　なるほど。株式にシフトすることで、九五年以降のアメリカは、外国との経済取引で赤字になった分を海外からの資本流入によって埋め合わせることに成功したわけですね。ただ、その場合でも、海外からの資金流入に頼っている以上、対外的な支払いがなくなるわけではありませんよね。

水野　はい。債券であれば利息を返さなきゃいけないですし、株式であっても配当を支払わなくてはならない。〇四年以前は国債利回りのほうが株式配当利回りより高いのが常でしたが、〇四年以降になると米国債の利回りが低下し、株式配当利回りとおおむね同じになってきましたし。

でも、アメリカが十数年間比較的うまくいったのは、集めたお金を海外投資していたからです。大雑把にいえば、年間八〇〇〇億ドルの経常赤字に対して、一兆二〇〇〇億ドルぐらいの資本流入がある。だから差し引いた四〇〇〇億ドルを海外投資にまわして、そこで高いリターンを上げる。米資本は集めたお金で新興国など成長期待が高い国の株式に投資するようになったのです。つまり、一兆二〇〇〇億ドルを海外から借りるコストよりも、四〇〇〇億ドルを海外に投資することで得られるリターンのほうが大きかったのです。

そのためには、まずアメリカにお金を集めなければいけないわけですが、そこで「強いドルは国益だ」というのが効いてきます。ルービン財務長官のいう「強いドルは国益だ」というのは、日本でいう元本保証みたいなもので、要するにこの一〇〇円のドルは将来かならず一二〇円になりますよということを国家が宣言したわけです。

萱野　それならドルを買いますよね。

水野　買いますよね。日本の国債は九五年のときは三〜四%、その後、一気に二%以下になりました。これに対して、アメリカの国債は四〜五%です。ドルベースの元本はルービンが下げないと言っていますから、そこではかならず三%ぐらいの利ざやが抜けるので、海外の投資家は安心してアメリカに投資できました。

萱野　円キャリートレードですね。円を安く借りてアメリカの国債を買えばそれだけで儲かる。

水野　さらにアメリカは、外国に金融市場を開放しましょうといって、九〇年代半ば以降五～六％という国債利回りや、一～三％程度の株式配当利回りで外国からお金を引っ張ってきて、今度はそのお金を高利回りの新興国に投資して、高いリターンを上げる。日本でも、従業員の給料より株式配当をもっと上げろみたいなことになったでしょう。そうやって株価をつり上げてリターンを得ていったんですね。

こうしてアメリカは国債の五％の利息を払って、一〇％のリターンを得る。そのなかでルービン財務長官の「強いドル」政策は、国家的な元本保証として大きな役割を果たしたんです。

萱野　さらにアメリカは、海外から集めたお金を国内のバブルをつうじて膨らませることで利益をあげていきましたよね。九〇年代後半のＩＴバブルや、二〇〇〇年代の住宅バブルはその過程で生まれたものです。

水野　そうですね。結局、ルービン財務長官がとった戦略というのは、アメリカのなかをバブルにして、それからアメリカが外国に投資するときは相手国をバブルにして、海外から調達したお金をつかって高いキャピタルゲインを得ていこうというものです。こうして、おたがいバブルに依存しあう構造が生まれていったんです。

▼国際資本の完全移動性がもたらしたもの

水野　ただし、そうした構造が生まれることができたのも、その時点で国際資本の完全移動性が実現していたからです。レーガンのときはアメリカの資本不足（経常赤字）を日本とドイツの資本（経常黒字）で賄っていた程度でしたから、世界中のお金がアメリカに入るなんてことにはならなかったんですね。

萱野　つまり、九五年の「強いドル」政策がうまくいったのは、国際資本の完全自由化という条件があったからだ、ということですね。

水野　そうです。それまでは国際資本が自由に移動するという条件がなりたっていなかったので、「強いドルは国益だ」といってもたんに念仏にしかなりませんでした。けれども、九五年の時点では、国際資本を自由化するためのいろいろな制度改革がなされており、ルービン財務長官はそのピンポイントのところで「強いドルは国益だ」と宣言したわけです。

萱野　国際資本の完全移動性によってどのようなことがもたらされるのかが正確に認識されていたんですね。

水野　ええ。経済学者のフェルドシュタインが話していることで、こんな比喩《ひゆ》があります。国際資本が完全に移動していないときは、日本人は日本の領土内にプールをつくり、そこに貯蓄という水を入れて、日本人だけがそのプールに入場無料で泳ぐことができた。アメリカ人が「日本のプールには水がいっぱいあるから、そっちで泳ぎたい。アメリカ国内につくったプールにはぜんぜん水がない。こんなところでは泳げないから、日本のプールで泳ぎたい」といっても、「じゃあ、外国人は高い入場料を払ってください」といわれてしまう。

しかし、国際資本が自由化されると、大西洋と太平洋に各々ひとつだけ、大きなプールがつくられ、みんなで自由に貯蓄を入れて入場無料で泳ぐことができるようになった。これでアメリカはプールに水を入れる努力をまったくしないで自由に泳げるようになるわけです。一方、日本や中国は、一生懸命貯蓄をして、がんばってプールに水を入れるんですね。

萱野　国際資本の自由化によって、アメリカは世界中の預金を自分の預金であるかのごとく使えるようになったんですね。そしてバブルのもとでそのお金を運用し、膨大なキャピタルゲインを得ていった。それが九五年の「強いドル」政策から金融危機までに起こったことですね。

▼なぜ日本のバブルはいち早く八〇年代に起こったのか

萱野　そうなると、問題になってくるのが日本のバブルです。アメリカは九五年になってようやくバブルをひき起こすことができた。日本はこれに対して一〇年早くバブルを経験したわけですよね。

両国とも七〇年代に、交易条件の悪化や高度成長の終焉といった壁に直面した点は同じです。もちろん日本は省エネや合理化によって国際競争力を維持したので、低成長時代に入った先進国のなかでも比較的パフォーマンスがよかった。しかし、だからこそよけいに、なぜ日本でいち早く八〇年代にバブルが起こったのかが問題になる。

すでに確認したように、金融経済化というのは覇権国の実物経済におけるヘゲモニーが衰退するときに起こってくる現象です。そうである以上、日本のバブルにおける金融経済化は、アメリカのヘゲモニーのもとで牽引されてきた世界資本主義のいきづまりを、ある意味で先取りしたものだといえるのではないでしょうか。

水野　そういった側面は確実にあると思います。日本は戦後、アメリカのヘゲモニーのもとで急速に経済発展してきましたから、そのヘゲモニーの可能性と限界が日本で凝縮してあらわれたとしてもけっしておかしくありません。私は、バブル以降の日本には、二一世紀の利子率革命が起こっていることも含めて、資本主義の歴史におけるある種の先行性があると考えています。

萱野　具体的にいって、そもそもなぜ日本ではアメリカよりも早くバブルが起こったのでしょうか。

水野　まず、前提条件として、日本には自国の貯蓄で十分バブルを起こせるぐらいの資本が蓄積されていたということが挙げられます。日本は近代資本主義のしくみ、すなわち実物経済で安く仕入れて高く売るというしくみでもっとも利潤を獲得することができた国なのです。それは、日本が第一次オイル・ショック以降、貿易黒字が定着して、世界の対外純資産国になったという事実にあらわれています。日本はわざわざ金融空間をつくって他国の資本を呼び込まなくても、国内の貯蓄がすでに膨大な額にのぼっていたんですね。

萱野　なるほど。逆にいうと、アメリカは自国内にバブルをひき起こせるほどの貯蓄がなかったと。だからこそアメリカは、国際資本が自由化されるまで待たなくてはいけなかったんですね。

水野　そうです。アメリカでは貯蓄率が低いわけですから、どうしても他国の貯蓄から金融空間にお金をもってこなくてはなりません。そのきっかけとなったのは九七年のアジア通貨危機です。アジア通貨危機がおきたあと、アメリカにいっせいにＡＳＥＡＮ（東南アジア諸国連合）やＮＩＥＳ（新興工業経済地域）からお金が入ってくるようになりました。

萱野　バブルをひき起こせるだけのお金を抱え込むのに、アメリカは時間がかかった。そのぶん遅くなったということですね。

▼米ソ冷戦のなかの日本のバブル

水野　もうひとつ、さきほど紹介した谷口智彦氏は、八〇年代の土地バブルはアメリカの対ソ冷戦の構図のなかで起きたということを述べています。つまり、「日本は自らバブルを創出することによって対米資金還流を積極化し、折りから軍拡を続けていた米国を金融面で支えたこと、その意味で日本のバブル経済化とは、冷戦にとどめを刺そうとしていた米国の覇権を裏から支える国際政治的意味合いを持っていた」(『通貨燃ゆ』一九〜二〇頁)、と。

レーガン政権はソビエト連邦と激しい軍拡競争をしましたよね。それによって拡大する財政赤字を日本の企業がファイナンスしたのです。たとえば日本の生保はザ・セイホといわれて、プラザ合意でドル安になったとき、たしか大手七社で一・七兆円を上回る損を出しています。

萱野 アメリカの国債で?

水野 そうです。でも、そこで損をしたので引き揚げるとなったら、アメリカは困ってしまう。それで、ザ・セイホがドル債投資で損しても、それをはるかに上回るような含み益があればいいということで、アメリカの要請のもとで日本でバブルがひき起こされたんだという説明です。うーんとは思いますが、たしかにアメリカならそれぐらいのことはやりかねないなという気はしますね。

バブルのピークは、ベルリンの壁が崩壊した直後の八九年一二月末に日経平均株価で三万八〇〇〇円台を記録したときですが、翌年になると、株式の先物市場で日経先物というのがちょうどできて、今度はそこで外国人投資家主導でどんどん売り浴びせがなされるんですね。それでみるみる日経平均が下がっていった。アメリカからすれば、米ソ冷戦が終われば日本のマネーはもう必要ないわけですし、日本のプレゼンスがこれ以上大きくなるのは好ましくないと思っていたとしても不思議ではありません。しかし、ちょうどその頃、湾岸戦争（一九九一年）が起こったので、平均株価が二万円になっても、その下落は湾岸戦争による一時的な下落だと思われていました。

萱野　湾岸戦争が終わればまた上がると。

水野　みんなそう言ってました。湾岸戦争が終わればすぐまた四万円になっていくんだと。私もそうだと思っていた（笑）。ところが湾岸戦争が終わってもぜんぜん上がらないんですね。つまり、レーガノミックスで対ソ軍拡競争にアメリカが勝ったから、もう日本の土地バブルは必要ないと。

そういうふうに解釈するのでなければ、八九年一一月九日にベルリンの壁が崩壊して一、二ヵ月で日経平均株価がピークをつけたのは、偶然というにはあまりにもでき過ぎているんじゃないかなと思うんです。

▼想定されていた前川レポートの内需拡大路線の帰結

萱野　日本のバブルを資本主義の歴史のなかにどう位置づけるかというのはすごく大きな問題です。これをうまく説明できた人というのはなかなかいません。しかし、いまのご説明はその問題に大きな手がかりを与えてくれるものだと思います。

日本のバブルについては一般にこう説明されます。まず、日米のあいだで貿易赤字問題があり、アメリカは日本にずっと市場開放を要求してきていた。オレンジだとか牛肉だとか、もっとアメリカ製品を買えということでいろいろと個別交渉をしてきたけれども、どれもうまくいかない。そこでアメリカは八〇年代になると、日本の金融市場のあり方や為替に直接介入するようになった。日米円ドル委員会やプラザ合意はその過程で生まれたものです。そうしたなか、アメリカから、日本はもっと金融緩和をして内需拡大をしろという要求がでてくる。そしてその要求どおりにしたらバブルが起こった、という説明です。

しかし、水野さんのご説明では、バブルはたんなる貿易問題の結果として生まれたものではなく、日米のあいだでお金が還流するようなシステムを意図的に強化しようとした結果、生まれたものだということですよね。

水野　そうです。日本のバブルは、レーガノミックスが財政赤字を拡大させながらソ連と軍拡競争をやっていたときに起きたものだということに注意しなくてはなりません。つまりそこにあったのは、冷戦においてソビエト連邦を倒すための日米連合なんです。

この連合は、一六世紀のスペインとイタリアの関係によく似ています。当時、スペインの財政はイタリアの銀行家が支えていました。オランダの独立を阻止することができなかったスペインはオランダとの戦争で積み上げた借金を返済できず、財政危機に陥るのですが、そのたびにイタリアの銀行家が助け舟をだしていました。しかし、結局イタリアもそれに耐えきれずに没落していく。

萱野　なるほど。アメリカの財政赤字を日本のザ・セイホが支えている構図とそっくりですね。バブル崩壊後に日本経済が停滞したり、二一世紀の利子率革命が起こったりしたことも含めると、いまの日本と当時のイタリアのあいだには恐ろしいほどの類似性がありますね。

ちなみに、貿易赤字問題への対応として金融緩和と内需拡大がなされ、その結果としてバブルが起きたという一般的な説明には、どれぐらい妥当性があると思いますか。

水野　そうですね。八六年四月に日本は前川レポート(「国際協調のための経済構造調整研究会報告書」)を発表し、内需拡大を図りますが、その前年の九月にはプラザ合意があり、日本は円高不況になっています。この点で、前川レポートはおそらくプラザ合意の延長線上でできたものだと推測することができるでしょう。しかし、さきほど指摘したように、ベルリンの壁が崩壊すると日経平均株価が暴落して、日本は内需拡大どころではなくなりました。

これについては、外交官だった孫崎《まごさき》享《うける》氏の『日米同盟の正体』に次のように書かれています。「スタンズフィールド・ターナー元CIA長官は、『新世界秩序に対する諜報活動』で『冷戦後の情報収集で重要なのは経済分野と第三世界だ』と主張した。日本経済はCIAの標的となる。このことはCIAが日本経済に被害を与える工作を行う可能性を示唆している」(九四頁)と。

先進国の交易条件が二度のオイル・ショックで悪化し、海外市場の拡大もベトナム戦争終結で七五年にストップしたことを考えれば、おそらくアメリカ国務省の人たちは、日本が内需拡大をやってもうまくいくはずがないということをわかっていたと思うんですよね。実物経済の財・サービス活動で経済を拡大しようとしても、もうその条件がなりたっていないと。

さらにいえば、ベトナム戦争終結と同時に少子化もはじまっています。つまり、人口維持に欠かせない出生率二・一を、G7の国は七三〜七五年にいっせいに下回るんです。ということは、日本だけじゃなく先進国全体で人口増加がいずれ止まりますよね。市場が拡大する前提が崩れるんです。

それから、経済成長にとって大事なのは世帯数です。世帯数が増えていけば、みんな独立するときに冷蔵庫を買いますよね。それが市場の拡大をもたらします。逆に、人口が増えていたとしても、おじいちゃん、おばあちゃんと一緒に住んでいれば、家のなかの冷蔵庫は一台でいいでしょう。だから都市化が終わると内需拡大も終わる。世帯数が増えませんから。日本では七三〜七四年に都市化が終わったということが明らかになっています。

この点からいうと、アメリカの頭のなかには、内需拡大を要求してもどっちみちうまくいかないだろうというのがあったのではないでしょうか。でも、内需拡大を迫れば日本はまじめにやるだろうと。そして、もともと内需拡大がうまくいく前提がないわけだから、それがバブルになることは目に見えている。あのとき、国土庁が、二〇〇〇年までに東京だけで霞が関ビルが三五〇棟足りないなんていうレポート（国土庁大都市圏整備局監修『首都改造計画』一九八五年）をだしましたよね。

萱野　バブルのはじまりになったレポートですね。

水野　有名なレポートですよね。いまからみると笑えるんですけれども、証券会社の人たちが地図を買いあさって走るわけですから、それはおそらくアメリカ国務省の思ったとおりだったんじゃないでしょうか。バブルが起こり、株が上がって、土地も上がって。生命保険会社はドル債を買って損をだしてもビクともしない。何百兆円の含み益がでましたから、一・七兆円ぐらいの損は問題ないと。

萱野　八〇年代の時点で先進国はすでに低成長社会になっている、だから内需拡大なんかしたって、もうそれは功を奏さないだろうという認識がアメリカにあったということですね。

水野　多分あったんじゃないかと思うんですよね。そうであってほしくはないんですが、でも、そう考えれば全部つじつまが合うんです。

萱野　ということは、八九年の日米構造協議よりもまえに、アメリカはすでに日本の経済のあり方に手を入れようという意思をもっていたということですね。

水野　もっていたんじゃないですかね。やはり根本にはソ連との軍拡競争でアメリカは巨額の財政赤字がつづくのでアメリカの国債を買ってほしいというのがあったと思うのです。しかし、ちょっとだけアメリカに誤算があるんですね。ベルリンの壁が崩壊したからいいだろうと思って日本のバブルを崩壊させたら、ほんとうに日本はお金に困ってしまった。

実際、日本は米ドル債を売りアメリカから資本を回収しました。それからドイツも同じ九一年に、東西ドイツの統合で旧東ドイツの復興にお金が必要になったから米ドル債を売ってドイツに戻しているんですね。当時、アメリカと日本とドイツで世界をファイナンスできるという状況でしたから、日本とドイツの二ヵ国が引き揚げたらやはりアメリカは困ってしまった。S&L危機（貯蓄貸付組合の連続破綻）も起こりましたし。

ロナルド・マッキノンという著名なアメリカの経済学者が『ドルと円』という本で、九一年にS&Lが崩壊したのは、日本とドイツが米ドル債を売ったからだといっているんですよ。やっぱりアメリカはそう見ているんだなと思いました。

萱野　そんなこと日本ではまったく知られてないですね。

水野　ないですよね。マッキノンといえば、アメリカの大御所中の大御所の経済学者です。そういう人の本のなかに堂々と書いてあるわけです。それをみて、さまざまな情報をいまからつなぎ合わせると、対日戦略というのがやっぱりあったんだろうなと思います。

▼日本の先行性

萱野　そうなると、やはり日本のバブルは九五年以降のアメリカのバブルを先取りしたものだといえるんじゃないでしょうか。アメリカは自分のところの財政赤字や経常収支赤字を埋め合わせるために外国から資金を呼び込む必要があった。でも、当時は九五年以降のように国際資本の完全移動性が達成されていなかったから、自国の内部でバブルをひき起こせるようなお金を外からもってくることはできない。ならば、お金がすでにたくさんあるところでバブルをひき起こして、そこで膨らんだお金をアメリカのドル債に投資してもらおうと。

要するに、日本のバブルは、アメリカが実物経済の落ち込みをおぎなうためにバブルを必要としていた状況で、アメリカにはまだその条件が整っていなかったから、そのバブルを先行して肩代わりしたものだと位置づけられるのではないでしょうか。

水野　そのような位置づけでおそらく間違いないだろうと私も思います。

萱野　であるならば、日本は、低成長社会のもと金融経済化していく先進国のなかで、ひとつの先行性をもっていることになりますよね。実際、バブル崩壊後、日本はジェノヴァ以降の史上最長の低金利を記録しつづけたり、長期のデフレに悩まされたりと、今後の世界資本主義がぶつかるであろう問題をいち早く経験してきました。

水野さんはすでに『100年デフレ』を書かれた二〇〇〇年代初頭から、長期のデフレが定着していくのは日本だけの問題ではなく、先進国全体がいずれ直面する課題だと繰り返しおっしゃってきました。いまやそれも現実のものとなりつつありますよね。相当な先見性だったと思います。

水野　先進国はこれ以上市場が拡大しないところに直面しており、世界資本主義は大きな転換点をむかえつつある。これはここまで議論したとおりですね。そうした状況のなかで、なぜ日本では欧米よりもさきにバブルが起きたのかというと、要するに日本では近代化のスピードが極端に速かったからだと思います。戦後から数えれば四〇年ほど、明治維新から数えても一〇〇年ほどで、日本は急激に近代化しました。ヨーロッパは三〇〇年ぐらい、アメリカも二〇〇年ちょっとかけてゆっくりと近代化してきたことと比べると、これはものすごいスピードです。

萱野　近代化のスピードが速かった分、その限界に到達するのも早かったということですね。

水野　ええ。たとえば人口にしても、明治元年（一八六八年）のときに三四〇二万人だったのが、戦後（一九四五年）には七二一五万人、そして高度成長を経て一九六七年には一気に一億人を突破したわけですから、増加率でみると日本が一番高いわけです。増加率が一番高いということは、各国の出生率がいっせいに二・一を切った時点で、当然のことながら高齢化のスピードも一番速くなるということです。

日本は経済成長のスピードも一番速かったわけですけど、それによって資本主義が抱える問題にもいち早く直面せざるをえない。一人あたりのGDPが四万ドルに一気に達してしまったことで、利潤率低下の局面にまっさきに直面するのです。

萱野　日本は短期間で高い資本蓄積を成し遂げたがゆえに、利回りが下がるのも早いということですね。

水野　そうです。日本における個人金融資産は、〇七年六月末には一五七〇・七兆円に達しました。日本の個人金融資産の特徴は何よりも預貯金の割合が高いというところにあります。アメリカはピーク時で五一・三兆ドル（〇七年九月末）ですけれど、これはキャピタルゲインで積み上げたものです。

日本の金融資産は預貯金が大半ですから、預金の反対側には貸し出しとして実物資産があるわけです。だから日本のほうが資本蓄積は実際には多い。資本蓄積が多いということは、投下資本が多くなる分だけ、利回りが先に下がっていくということです。

利回りが下がれば、すでに議論したように、金融経済化がはじまり、資産バブルが起こりますよね。日本の場合、国際資本の自由化がなされなくても、積み上げた莫大な金融資産を背景に、日本のなかで単独でバブルが起きた。その象徴が、七〇年代以降の列島改造計画や八〇年代のウォーターフロント計画です。

萱野　近代を全速力で駆け抜けただけ、バブルがくるのも早かったということですね。

水野　ええ。ただ、先進国はどのみちバブルをつくって利潤率を維持せざるをえない。今回の金融危機をみれば、どこも同じだというのがわかりますよね。

萱野　つまり、日本は世界にさきがけて低成長社会の課題に直面したということですね。

水野　はい。だから本当は、日本はアドバンテージをもっているはずなんですよ。その課題を考える時間が多くあるわけですから。いまアメリカは金融危機の後始末に追われていて、中長期的なことを考える余裕がありません。

日本ではすぐに国際比較をしてあれが多いとか少ないとかやりますが、本音をいえば、他国ではどうなっているかということをもう日本はあまり考えないほうがいい。自分たちで考えだす。なぜなら、日本が先頭を走っている以上、ほかの国はモデルになりませんから。

萱野　ただ、先行性ということでいうと、低成長社会になって失業者が増大するという問題は、ヨーロッパがかなり早くに直面していますよね。ヨーロッパ諸国で社会民主主義政権がいち早く誕生したのもそのためですから。

水野　なるほど。たしかにそうですね。国民国家の枠を超えてEUやユーロをつくるという点でも、ヨーロッパは先行していますしね。だとしたら、日本はアメリカよりもむしろEUのほうをライバル視していかなければいけませんね。

萱野　日本は、利潤率の低下という点でも少子高齢化という点でも、今後世界が直面すべき課題をいち早く背負い込んでいます。バブルが欧米より一〇年以上早く起こった、ということだけではありません。そのバブル崩壊後にデフレや利子率革命がつづいているという点でも、日本は低成長時代に突入した先進国のなかでも先行している。そこで突きつけられている課題を世界にさきがけてクリアすることで、日本は世界に対して新しい社会モデルを提示する立場にたてるのかもしれません。世界資本主義がこれまでにない大きな転換をむかえているなかで、私たちはモデルなき時代のもとで課題を解決すべきところにいるのです。

第五章　日本はいかに生き抜くべきか

――極限時代の処方箋――

▼経済成長モデルの限界と財政赤字

萱野　最後の章ではこれまでの議論を受けて、日本の経済は今後どうなっていくのか、そしてどのような方向にすすんでいくべきか、という議論をしたいと思います。

ここのところ日本の経済については、たとえば不況でモノが売れないとか、デフレが進行しているとか、雇用不足が深刻になっているとか、いろいろな問題が指摘されています。そのなかでもとりわけメディアをにぎわせているのが財政赤字の問題です。これについては消費税率の引き上げ問題もからんでおり、このままいくと日本もギリシャのように財政破綻してしまうかもしれないなんて話もだされています。まずはこの問題に対して、水野さんはどのような認識をおもちでしょうか。

水野　これについては、日本にかぎらずアメリカでもヨーロッパでもそうだと思いますが、低成長時代に入ったにもかかわらず経済成長を前提とした税収・歳出構造のままであることが大きな問題だと思います。

萱野　現実にはかつてのような経済成長はありえない社会になっているにもかかわらず、

かつてと同じような財政構造のままだから、赤字が膨らまざるをえないということですね。

水野　ええ。一般会計の歳出と税収の推移をあらわした折れ線グラフのことを、経済界では「ワニの口」とよくいいます。つまり、歳出は右肩上がりに増えるのに、税収は下がっていくから、ワニのアゴが開いたかたちに見えるのです。

バブルが崩壊した一九九〇年代から現在にかけて法人税は大幅に減税されました。減税によって企業活動が活発になり、企業の業績が上がれば、結果的に税収は増えるはずだという想定だったのでしょう。しかし実際にはそれが増収となって跳ね返ってこないという状況になっている。つまり、減税しても名目ＧＤＰが拡大しなくなっているのです。

その一方で、社会保障費はうなぎのぼりに増えています。いま一般会計の歳出のなかで額がもっとも大きいのは社会保障費ですよね。歳出のほうは、高齢化の進展による社会保障費などの自然増や、国債の利払い費の増加などで、名目ＧＤＰの増減とは関係なく増えるようになりましたので、名目ＧＤＰに占める歳出の比率が上がっていくのは当然でしょう。

萱野　そうですね。日本の社会保障はいまだに経済成長を前提とした歳入モデルで計算されています。たとえば日本の年金が現在のようなかたちにつくりかえられたのは七〇年代初めです。つまりそれは、五〇～六〇年代の高度成長を受けて、その果実をもっと社会に還元し、豊かな社会をつくろうという構想から拡充されてきました。そうした時代の設計がいまの年金制度の基本的な性格を規定している。経済成長率にせよ、特殊出生率にせよ、ものすごく甘い予測に立脚していますからね。それに、社会保障は一度拡充させてしまうと、なかなか制度の見直しができません。どの政党も選挙のことを考えると、給付額の引き下げや負担額の引き上げを打ち出せませんから。

水野　公共投資による道路や空港の建設でも同じことがいえます。利用客はこれくらいだろうと収入を予測したものの、あとから調べてみたら予測値にぜんぜん達していなかったということがあちこちで公表されていますから。

▼ギリシャ財政危機の教訓

萱野　ただ、低成長を景気循環における一時的な不況として考えると、どうしても財政構造は成長モデルのままになってしまいますよね。たまたま現在は不況だけど、また好景気になれば昔のように問題は解決されるのだ、と。

水野　そうです。でもバブルが崩壊したあと、四回の不況を日本は経験して、そのたびに財政出動をしたけれど、景気は回復しませんでした。ですから、もうそろそろいまの財政赤字が巨額であるのは、不況が原因だとか、景気循環的な問題で生じているとか考えてはいけないと思うのです。

二〇〇九年に政権交代した民主党は、歳出を徹底的に見直して平成二五年度までに一六・八兆円を捻出できるとマニフェストで謳《うた》いました。内訳は、国の総予算二〇七兆円を徹底的に効率化し、ムダづかいや不要不急な事業を根絶することで九・一兆円、埋蔵金の活用などで五・〇兆円、租税特別措置などで二・七兆円、です。それが本当に実現すれば、従来の成長モデルとは異なる予算編成がおこなわれる可能性もあったと思うんですが、現実には簡単ではありませんでした。

萱野　民主党は政権獲得後に成長戦略がないと突き上げられて、慌てて成長戦略を掲げましたよね。やっぱり低成長を前提として政権運営をするというのは難しいんでしょう。

とくに社会保障を低成長モデルに移すことは難しいですね。公共事業なら利権の問題もあるし、ムダな部分というのもわかりやすいから、削減しても世論は納得しやすい。でも、社会保障のほうは、低成長だからこそもっと拡充しろという意見もでてきやすいし、年金については、受給者の世代は自分たちが働いていたときの経済成長のモデルで給付されるのが当然だと考える。ただ、このまま成長モデルで社会保障制度が維持されていくなら、財政赤字は相当深刻な状態になっていくでしょう。

ギリシャがまさにそうだったわけで、あの国は選挙のたびに集票のために公務員のポストを増設したり、社会保障を手厚くしたりということをずっとやってきました。みんな経済が成長してパイが拡大すると思っているから、そうなってしまうんですね。財政的なリソースが無限にある、たとえいまは財源が足りないとしても経済成長やインフレによってそれも将来は解決されるだろうという思い込みで、政府に財政支出をどんどん要求することができた。それをつづけてきた結果、もう解決できないところまで財政赤字が累積してしまったというのがギリシャの教訓です。なにせ労働人口の四人に一人が公務員ですからね。

水野　年金の受給額も驚くべきものがあります。ギリシャは現役時の九割以上の額を年金としてもらえる。しかも、ＯＥＣＤ加盟国のなかでギリシャの年金支給額は退職前平均年収比率でもっとも高いのです。スペインも八割台で高い。一方、日本は三割台で英国などと同じ水準です。そして、ドイツやアメリカは日本より少し高く四割台です。

萱野　まさにギリシャの事例は、無限の経済成長を前提としてきたことの必然的な帰結ですね。

しかし現在はその前提が崩れてしまった。なぜ崩れてしまったのかというと、ここまで議論してきたように、交易条件が大きく変わり、市場が飽和化してしまったからですね。市場経済があらゆる領域へと拡大し、もはや市場が新しい需要や欲望を喚起できなくなってしまった。

たとえば日本の住宅は八〇〇万戸近くも余っています。住宅総数はだいたい五八〇〇万戸弱で総世帯数は五〇〇〇万ですから。そうなると住宅市場というのはもはや拡大せず、買換え需要しかないということになる。あるいは九〇年代以降の家電製品のデジタル化の流れだって、新規需要ではなく買換え需要しかもたらしていません。いままでのアナログ製品をデジタル製品に置き換えたというだけの話なので。

水野　無から有じゃないですからね。

萱野　だから経済のパイが拡大していかないのは当然なんですよね。

▼かつてのスペイン帝国も古いシステムに固執して崩壊した

萱野　ギリシャのほかにスペインの財政も危機的な状態になっています。そのスペインの事例は、まさに私たちがここまで議論してきたことの傍証になっていますよね。スペインでは、金融危機が起こるまでの数年間、アメリカと同じように住宅バブルが起きていました。しかし金融危機と同時にバブルも崩壊し、市場だけではそのダメージを吸収できなくなったので、莫大な公的資金が金融機関に注入されて、国家にリスクが転嫁されました。その結果、国家がものすごい赤字を抱えることになり、今度はソブリン・リスクというかたちでシステムの危機があらわれることになったのです。

水野　繰り返しになってしまいますが、実物経済における資本利潤率の低下をおぎなおうとすれば金融経済化するしかない。九五年以降、アメリカをはじめとする先進国はその金融化をとことんおしすすめ、それがバブルをひき起こしました。

萱野　とはいえ、低成長の現実を金融化によって乗り越えようとしても、結局バブルは崩壊してしまう。だから、バブル崩壊の処理を何らかのかたちでしなくてはならないのは、アメリカやスペインにとって不可避なんですよね。

水野　まさに起こるべくして起こったということだと思います。

奇しくも一六世紀のスペイン帝国では、フェリペ二世が何度も債務不履行宣言をしています。当時、スペイン帝国は領土の拡大をもとめて、借金をしてはポルトガルだのフランスだのに攻め込んでいきました。その戦費がかさんで財政破綻を繰り返すのですが、私の目には現在の先進国の動向とひじょうに似ているように映るのです。

一六世紀のスペイン帝国が戦争を繰り返したのは、当時、社会のシステムが転換しようとしているにもかかわらず、過去の中世社会のシステムを強化することで何とかそれをしのごうとしたからです。ひるがえって現在の先進国も、低成長社会の到来を金融化によって何とかしのごうとしている。そしてそれが逆に危機をより深刻なものにしているんです。

日本だって、たしかに八〇年代のバブルの経験があったので今回の金融危機での損失はそれほど大きくはなかったのですが、経済成長のモデルからなかなか抜けられず財政赤字を拡大させつづけているという点では、変わりません。

萱野　なるほど。中世社会に固執して財政破綻した一六世紀のスペイン帝国と、近代の成長社会に固執して財政破綻しつつある現在の先進国。どちらも経済システムの転換に対応できていない点で共通していますね。

現在のソブリン・リスクにかんしてもうひとつ忘れてはならないのは、市場の矛盾は国家が引き受けざるをえないという構図が浮き彫りになったということです。つまり、いくら「国家なんて必要ない」と思われてきた金融資本主義も国家なしでは成立しえない、ということが明らかになったということですね。これも繰り返しになりますが、社会のなかで国家だけが、所有権のもとでなりたっている市場の論理を超えてお金を調達することができる。つまり税です。市場とは別の論理に立脚しているからこそ、市場の矛盾は国家によって肩代わりされることができるのです。

水野　なぜ市場に矛盾が生じたのかといえば、低成長の現実を金融経済化によって否定しようとしたからですね。しかしバブル崩壊によって、その矛盾はさらに危険な状態で露呈することになりました。

歴史を参照すれば、荘園制経済と封建制という中世のシステムに固執して没落したのがスペインです。これに対して、オランダやイギリスは資本主義と国民国家という近代のシステムへと移行することで、古い社会の限界を突破し、新しい時代のヘゲモニーを獲得していった。これをいまの先進国にあてはめれば、低成長を前提とした脱近代的な社会システムをつくらないかぎり、財政赤字などの問題はおそらく根本的には解決されえないのではないでしょうか。

▼リフレ派の誤り

萱野　しかし現実には、低成長を前提とする社会設計の方向になかなか議論がすすんでいっていません。たとえば最近またリフレ派とよばれる人たちの発言が活発になっています。

リフレ派というのは、日銀がインフレ政策をとって量的緩和をすることで、デフレの脱却や経済成長が可能になる、という立場のことです。インフレになれば財政赤字も実質的に縮小するし、通貨が下落して輸出も増えるので、需要不足も解決されるだろう、と。

水野　そうですね。そして、それができないのは日銀にやる気がないからだとリフレ派の人たちはいうわけです。

萱野　リフレ派の主張に対して明確に反対しているエコノミストって少ないと思うんですが、そのなかで水野さんはひじょうに目立っている。かなり矢面に立たされているんじゃないですか。

水野　もうけちょんけちょんですよ。「あいつは大学で経済学の勉強をしていないにちがいない」とか、ひどい言われようです。

萱野　水野さんからみて、リフレ派の問題点はどこにあるのでしょうか。

水野　リフレ派はこう主張します。ある一定期間ベースマネーを増やせば、マネーサプライが増える。マネーサプライが増えるとどうなるか。実物経済にはそれ以上経済成長率が高まらない「潜在成長率」という中長期的な上限があるから、それを超えてマネーサプライを増やせばかならずインフレになるんだ、と。

しかし、こうした主張があてはまるのは九〇年代前半までです。九五年以降、つまりグローバリゼーションによって国際資本が自由化し、金融経済が全面化してしまうと、ベースマネーを増やしても国内の物価の上昇にはつながらなくなってしまった。現在、金融経済の規模は実物経済よりもはるかに膨らんでいて、金融経済は余剰マネーだけで一〇〇兆ドルです。これに対し実物経済の規模は、名目GDPで測って六〇兆ドルです。

そもそも実物投資では儲からないという状況があるときにベースマネーを増やせば、短期で資金調達をし、そこに金融技術でレバレッジをかけて長期債券や株式、そして金融商品化したWTI先物に投資して、瞬時に実物投資一〇年分の利益を得ようとするような行動を喚起することにしかなりません。そうした状況で量的緩和政策によってベースマネーを増やせば、物価ではなく資産価格の上昇をもたらすだけなのです。

萱野　要するにバブルが起こるだけだと。

水野　ええ。しかも国内に起きるかどうかさえわからない。円キャリートレードということが話題になりましたが、資本が国境を簡単に越えるようになると、円を金利ゼロで調達して、金利の高い外国債に投資するという行動がすぐに生まれてきます。リーマン・ショックのおきる前の〇七年でもアメリカの国債の利回りは四〜五%ありましたから、これだとほとんどリスクをとらずに利益をだせるわけです。海外勢もマネタリストが多くて、日銀はもっと量的緩和すべきだなんて言っています。でも、量的緩和をしたところで、円は国内にはとどまらないんですね。

そういう意味では、インフレは貨幣現象だというテーゼは国民国家経済の枠内でしか成立しない。アダム・スミス以降、経済学というのはすべて国民国家体系を前提として組み立てられた経済学です。

萱野　新古典派とよばれるものも結局は閉鎖系で考えているわけですね。

水野　同時に、実物経済が中心なんです。金融経済はあくまでも実物経済の循環に役立っているだけ、という想定ですから。

萱野　要するに、国際資本がここまで自由化されて、なおかつ金融経済と実物経済の割合が完全にひっくり返ってしまうと、たとえベースマネーを増やしても、バブルをもたらすだけだろうと。しかも国内にマネーがとどまるわけではなくて、まったく別のところにいってしまうだろうということですね。

そうなるとやっぱりケインズは正しかったということでしょうか。ケインズは、ベースマネーを増やしたからといってかならずしもマネーサプライが増えるわけではないと述べています。その指摘は的を射ているのではないでしょうか。ただ、だからこそ国家はもっと財政出動をすべきだとケインズがいうところは、低成長社会の現状にはあてはまらないと思いますが。

水野　ベースマネーがマネーサプライにつながらないのは確かにそのとおりだと思いますね。その意味では、ケインズのほうがフリードマンより正しい。日本ではフリードマンのいったことが金科玉条になっていますよね。「インフレーションはいつ、いかなる場合でも貨幣現象である」といった言葉を取り上げて、みんなフリードマンがそういっているから正しいんだと主張します。でも、それはある特定の条件のもとでしかなりたたない。ケインズだって、自分の一般経済学は不況のときにのみあてはまると認識していましたから。

萱野　経済成長ということでいえば、一九世紀までは経済学でも、経済は成長しつづけるものであるというよりは定常的なものであるというのが常識でした。アダム・スミスだってそうです。経済の産業化が達成されて、アメリカのフォード・システムのような耐久消費財の生産システムが確立されてくるなかではじめて、経済成長が自明であるような見方がでてきたのです。

水野　そうですね。でも、リフレ派はまったくへこたれないんですよね。日本では九九年からゼロ金利にして、二〇〇一年から量的緩和をやって、もう一〇年以上、金融緩和をつづけているわけです。一〇年やってもインフレにならないのだから、その事実によって「インフレは貨幣現象である」という命題は否定されたと思うんですけれども。

ところがリフレ派の人たちは、量的緩和は日銀が嫌々やっていることだというのをみんながわかっているからダメなんだと、そういうことを言いだしているのです。

萱野　日銀はもっと本気でやらないから、人びとがインフレ期待をもてないんだと。

水野　そう、ほとんど精神論に入っているんですよね。いよいよマネタリストも言うことがなくなってきたのかなと思います。

インフレ期待を喚起できるのは、萱野さんがおっしゃったように耐久消費財が普及していく過程においてです。そういう時代なら、日銀が量的緩和をしてインフレ政策をとっているとわかれば、「三年後に値段が上がるんだったら、ローンを組んでいま買おう」となります。つまり、耐久消費財の市場が拡大しているのであれば、インフレ期待に働きかけることもできる。けれどもいまは耐久消費財が社会にいきわたってしまい、新しく欲望を喚起できなくなっているので、量的緩和は実物経済での物価の上昇にはつながらないので

図9　原油価格に左右される日本の交易条件

大企業製造業の売上高変動費比率と鉱物性燃料輸入金額比率

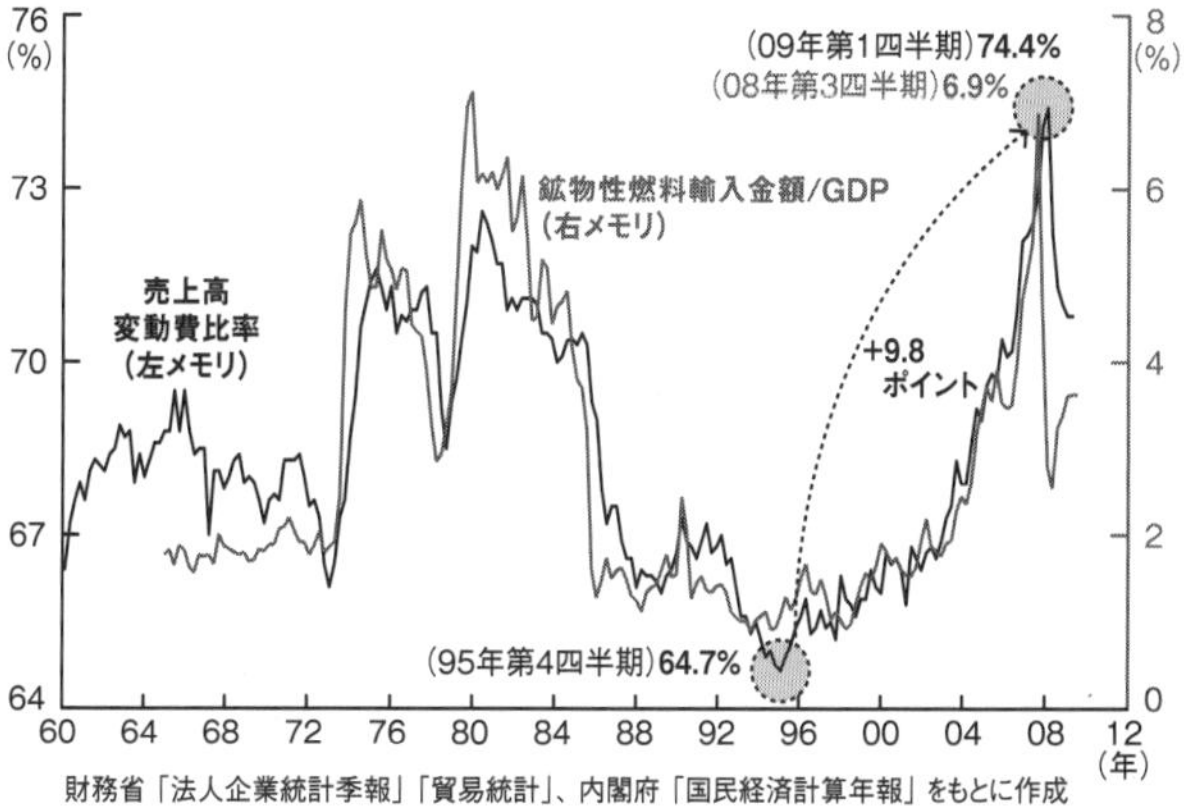

財務省「法人企業統計季報」「貿易統計」、内閣府「国民経済計算年報」をもとに作成

す。

▼インフレ時代の終焉

萱野　インフレをいくら起こそうとしても、現在はもうその条件がなくなってしまったということですね。

水野　はい。日本では九七年九月から一〇年国債の利回りが二%を下回り、現在までつづいています。この時点で完全に低成長時代に入ったと考えなくてはなりません。低成長時代に入った以上、インフレを起こせる条件もなくなったということを認識すべきでしょう。

　それを如実にあらわしているのがこのグラフ（図9）です。これは、売上高変動費比率とGDPに占める鉱物性燃料輸入金額比率を示したものですが、なぜ両者を重ね合わせているかというと、変動費というのはエネルギー価格とほとんど連動しているからなのですね。

萱野　たしかに驚くほど連動していますね。つまり、日本における変動費比率の変化というのは、基本的には鉱物資源の輸入価格の高騰や下落に完全に影響されていると考えればいいということですね。たとえば、七三年あたりでグラフが右上に急勾配しているのは、第一次オイル・ショックで石油の価格が高騰したことに対応していると。

水野　はい。このときは一バレル三ドルから一二ドルに上がりました。その後、七九年からの第二次オイル・ショックで一バレル四〇ドルまで上がりました。しかし売上高変動費比率が第一次オイル・ショック以前の水準に戻ったのは、原材料費の上昇分を製品に価格転嫁することができたからです。

萱野　原油価格が上がれば、それに応じてトイレットペーパーから何まで値上げしたということですね。つまりインフレを起こすことによって相対的に原油価格の比率をおさえることができたと。

水野　それができなくなったのが九五年からです。九五年から日本のデフレ時代がはじまります。まさに鉱物性燃料輸入金額のGDP比率をおさえることができなくなるほど原油価格が上昇してしまったために、日本のデフレがはじまったのです。

萱野　要するに、このときからインフレが問題解決にならなくなったということですね。いままでだったら原油価格の高騰をインフレによって相殺することができた。しかしそれができなくなるぐらい原油価格が高騰してしまったために、必然的にデフレが生じるようになってきたと。

水野　低成長時代への突入ですね。ただし気をつけたいのは、低成長下のデフレは先進国共通の現象だということです。というのも、新興国の台頭による原油価格の高騰はすべての先進国が直面している問題だからです。

だからリフレ論の賞味期限は、成長時代が終わったときにすでに切れているのです。日本の場合だったら、九五年以前であればインフレは起こせたかもしれない。先進国全般でも一九七四年以前だったら効果があったでしょう。そのときなら先進国という閉鎖系があったので、実物経済での生産能力が五%増えていくときにマネーサプライを一〇%増やすという政策をとれば、差額の五％がインフレになったのです。
しかし、地球全体がグローバル化していく現代にあっては、インフレ政策をとれるのは新興国だけで、先進国にはその選択肢はありえません。そのことを前提条件にしない政策は何をやっても効かないと思うのです。

▼「先進国総デフレ化時代」の到来

萱野　これまでの議論のおさらいにもなりますけれど、結局デフレというのは、資源価格の高騰による構造的な問題だと考えていいわけですね。

水野　ええ。資源価格が高騰すると、たとえば九四年には年間四・九兆円ですんでいた鉱物性燃料の輸入代金が二〇〇八年には二七・七兆円になりました。名目GDPの内訳でみると輸入は控除項目ですから、九四年には四・九兆円マイナスでよかったのを二七・七兆円マイナスにしなければいけない。このとき二二・八兆円以上、輸出や個人消費支出などが増えていれば輸入増加分を相殺できますけれど、実際にはそんなに拡大していません。バブル経済によってすでに九〇年の時点で需要の先食いをしているわけですからね。そうすると必然的に名目ＧＤＰは小さくなる。

インフレの程度をあらわすＧＤＰデフレーターは、名目ＧＤＰを実質ＧＤＰで割ることで得られます。資源価格の高騰は名目ＧＤＰに影響しますから、当然それによってＧＤＰデフレーターは下がっていくのです。

萱野　つまり現在のデフレは一時的な不況のせいで起こっているものではないということですね。それは構造的な問題である以上、金融政策でデフレを克服すれば不況も克服できるといったようなものではない。

これについてもう一点つけ加えるなら、新興国の台頭は不可避的に先進国の労働市場をグローバル化します。先進国から新興国へと生産拠点がどんどん移転されていき、たとえば日本の労働者はそれによって新興国の労働者と競争しなくてはならなくなりますから。

そういった状況では、先進国と新興国のあいだで賃金レベルは平準化していきます。つまり日本国内の賃金水準は下がっていかざるをえない。また同時に、新興国から安い商品もどんどん入ってくるようになりますから、この点でもデフレは先進国の置かれた構造的な問題だということになります。

水野　そう考えるべきでしょう。日本では九〇年代初頭にバブルが崩壊して、九九年に消費者物価指数が前年比でマイナスになりました。二〇〇八年のリーマン・ショックを経たアメリカでも、二〇一〇年一〜三月の数字をみると、消費者物価が前期比という瞬間風速ですけれどもマイナスになっています。おそらくアメリカもデフレの入り口にある。バーナンキFRB議長が、一〇年七月に経済見通しとして「異例の不確実さがある」と言ったのは象徴的です。近代の成長モデルによりかかっている人には、いまのデフレ現象は「異例」と映るわけですよね。でも、近代のしくみが崩れているのだから、それを「異例」なんていっている場合ではないと思うのです。

萱野　むしろ必然だと。

水野　そうです。

萱野　ヨーロッパでもデフレの兆候はでていますか。

水野　徐々にでています。まだ消費者物価ではでていませんが、GDPデフレーターではデフレ傾向が読み取れます。たとえば、フランスは〇九年一〜三月期から三期連続でマイナス（前期比年率）となり、スペインは〇九年四〜六月期から二期連続でマイナスとなっています。スイスは〇八年一〇～一二月期以降、マイナスとプラス（年率〇・五％以下）を繰り返し、おおむねゼロインフレの状態です。

▼日本の銀行が国債を買えなくなる日

萱野　いまやわれわれは、経済成長を前提とすることも、インフレによって問題解決することもできない時代に入ってしまったということですね。まずはそれを正面から受け止めなくてはならない。しかしだからといって財政赤字を放置しておくこともできませんよね。

水野　これまでは財政赤字が増えてもとくに問題はありませんでした。なぜかというと、国債を大量発行しても、国内の銀行が消化してくれたからです。

しくみはこうです。これまでは、バブルのときに過大な借り入れをした企業が十数年かけて一生懸命借金を銀行に返してきました。借金の返済というのは、銀行にとっては貸出金が減るということです。だから銀行はその減った貸出金の分を国債で運用する。新しい企業が生まれて、新規の貸出が増えればその必要もないんですが、どこの企業も借金返済が優先なので、銀行のほうはなかなか貸出先がみつからない。そうなるとあとは国債を買うしかないんです。

ところが、そろそろ企業側の過剰な借り入れは解消されつつあるんですよ。あと一、二年たつと、銀行の貸出金がもうこれ以上減少しないぐらいのところまできているんです。つまり、国内の銀行が国債をもうあまり買えない状況に近づいているということです。

その一方で、財政赤字をこのまま放っておくと、毎年一兆二〇〇〇億円程度、社会保障費が増えていきます。それから国債の利払いも今後大きな負担になってくる。二〇一〇年度予算の利払い費は前年度と比べて二・一兆円も増えています。社会保障費と利払い費だけで毎年二〜三兆円増えることになり、これは消費税の一％に相当します。

萱野　何もしなければ歳出がどんどん増えていくなかで、国債は国内で消化できなくなってきているわけですね。

水野　税収が増えればいいんでしょうけれども、低成長ですからそんなに増えない。国内の銀行も国債をもう買えない。そうなったら外国人投資家に国債を買ってもらわなければならなくなります。しかし、外国人投資家に国債を買ってもらうとなると、金利を上げなくてはなりません。現在（二〇一〇年）、アメリカの国債の利率が二・七％、ドイツは二・

四％ですから、いまのように一％程度の利払いだと日本の国債は買ってもらえません。

萱野　一％の利率では、外国人投資家にはまったく魅力がありませんね。

水野　ええ。しかも二〇一〇年度の国債の発行額は新規財源債（四四・三兆円）に、借換債（一〇二・六兆円）と財投債（一五・五兆円）が加わるので、合計一六二・四兆円です。一年に一〇〇兆円の借り換えを繰り返していくと、二〇一〇年度末の国債発行残高は六三七兆円ですので……。

萱野　六年で、高い利息の国債にすべて入れ替わってしまうわけですね。

水野　そうなんです。過去十数年にわたって一％で調達した国債の利回りが仮に二〜三％に上がると、数年後には利払い費が倍になります。現在の一〇兆円の利払い費が、すぐに二〇兆円になってしまうのですね。

萱野　そして、その増えた一〇兆円の利払い費はすべて外国人投資家のもとへいってしまう。

水野　さらに〇三年以降、原油価格が二〇ドルを超えて三〇ドル台になりその後も高騰しつづけたことで、毎年四・四兆円規模の所得移転（国民経済計算の交易損失）が起きていて、産油国にお金が流れていっています。そこに利払いの一〇兆円が上乗せされるわけですから、毎年約一五兆円ものお金が外国人の懐に入っていくのを日本は指をくわえてみているだけということになってしまうのです。

萱野　いくら働いて稼いでも、どんどん外国に吸い上げられてしまうようになるんですね。まさに国内で国債を消化できなくなったときが悪夢です。いつまでも国債を国内で消化できると呑気に考えることはできませんね。

水野　ただ、このことは逆にいうと、企業にとって過剰債務の調整が終わったという、よい側面の裏返しでもあるのです。つまり、銀行がいつまでも国債を買えるということは、企業がいつまでも過剰債務から解放されないということなんですよ。企業は過剰債務から解放されて、かつ銀行は国債を買いつづけられるなんていう虫のいい話はないわけです。

萱野　なるほど。日本はギリシャと違って国内で国債を消化しているから大丈夫、という議論はこれから通用しなくなっていくんですね。その一方で、経済成長をあてにしているようだと、どんどん財政赤字が膨らんでいってしまう。ならば財政赤字の削減はもっともプライオリティーの高い問題のひとつだと考えないといけないですね。

水野　そうなんです。まずはやっぱり財政赤字という過去の不始末にけじめをつけなければいけないんです。経済・社会システムが大きく変わるとき、過去の清算をしないと、次のシステムに移行できないのです。中世キリスト教社会・荘園制社会でもっとも繁栄していたスペイン世界帝国が近代主権国家・資本主義経済への移行に失敗したのも、絶頂期に積みあがった巨額の借金に押しつぶされたからです。そうした過去の清算がなければ日本経済の復活なんてありえません。

▼人民元自由化が財政再建のタイムリミット

水野　さらに悪いことに、近い将来、人民元が自由化されるようなことになれば、今度は日本から資本流出が起こるでしょう。これまでは資本流出が起きなかったから、日本の銀行は貸出金が減った分だけ日本の国債を買うことができた。しかし人民元が自由化されれば、円預金は流出していってしまうでしょう。そうなると、日本の企業が借金を返そうが返すまいが……。

萱野　銀行はもう国債を消化できなくなる。

水野　そういう意味では、人民元の自由化がなされたら日本の金利に上昇圧力がかかり、国は借金返済のために新たに国債を発行しなければならなくなります。いよいよ財政が火の車になるのです。

萱野　なるほど。人民元が自由化されると、円預金が金利の高い中国へと流れていってしまうので、銀行は国債を消化するための預金をもてなくなってしまうということですね。

水野　そうです。銀行は円預金負債がなくなってしまったら、貸出が増えても増えなくても、とにかく預金が減った分だけ日本の国債を手放さなくてはいけないのです。ですから、財政赤字は人民元の自由化の前までに解消しておかなくてはなりません。

萱野　人民元の自由化はあるとすればいつごろでしょうか。

水野　タイミングとしてはあと十数年ですね、おそらく。

　これまでのことを考えてみてください。一九九七年、橋本総理大臣のときにようやく財政再建が前面にでてきて、それから現在まで一三年たっています。九五年度、九六年度と戦後初めて財政赤字が二〇兆円を超えたことで、橋本総理は危機感をもって消費税率引き上げを含む財政再建策を打ち出しました。それがいまや四四兆円ですからね。

萱野　ほんとうですね。十数年で倍になってしまう。財政赤字を現状のまま放置すれば、二〇二〇年代には八〇兆円ですか。

水野　八〇兆円……恐ろしいですね。

▼円安と円高、どちらにメリットがあるか？

萱野　資本流失の問題は、円安と円高のどちらが望ましいかという問題にもかかわってきます。最近はリフレ派だけでなく、円安を求める声が強まっていますが、為替政策についてはどうお考えでしょうか。

水野　私は円高のほうがまだ望ましいと考えています。ドルに対して円高になれば、資源が高騰しても円高である程度相殺できるからです。資源はドル建てですので、円高は交易条件を改善させることになります。もちろん、ドル安・円高で輸出金額が減っては元も子もありません。輸出先をアジアなど新興国にシフトしていく必要があります。過剰債務に苦しむアメリカの家計はこれまでのように気前よくモノを買ってくれなくなると思います。

萱野　ただ、今後、経済成長が見込めない日本はできるだけ外需を取り込んでいかなくてはならないことを考えると、輸出産業が業績を伸ばしやすい円安にもメリットがあると考えられそうなのですが。

水野　そうですね。これについては、輸出のメリットを受ける産業の経済規模と、資源を輸入する素材産業の経済規模を計算すると、じつは後者のほうが経済規模が大きいんですよ。

さらに長期的には、円、ユーロ、ポンドや元などに対して貿易量で加重平均してドルの価値（実効レートベース）をみると二〇〇二年二月にピークをつけて、それ以降、下落基調がつづいています。九・一一事件以降、ドルは機軸通貨としてのプレミアムが徐々に剝《は》げ落ちてきているのだと思います。そうであるなら、円高がすすんでいるとしても、それはドル安の裏返しとしての円高やユーロ高ですので、日本側から円高を阻止することはなかなか困難です。マルクがユーロ創設でドル圏から離脱したように、円もアジア共通通貨創設を考える必要があると思います。中期的にはドルが基軸通貨の役割を果たしていくでしょうから、日本としては、高騰する資源（ドル建て）を安く購入するためにドル安・円高を受け入れて、輸出先をアジアに一層シフトしていくことが必要です。そうすれば、資源を安く輸入して強い通貨であるアジアに輸出することで、悪化しつづけている交易条件を改善することができるのです。

萱野　なるほど。トータルな経済規模で考えると、円高のほうにメリットがあるわけですね。円高のほうが高騰する資源を安く購入できる。これは外国の企業などに日本から資本投資する場合にもあてはまりますよね。逆にいうなら、円安になると日本の企業や資産が外国の企業やファンドから買い叩かれやすくなってしまう。

もうひとつの理由として、円安だと、今後人民元が自由化されたときに円資産の流出をとめられなくなってしまうということがありますよね。これは、財政赤字の問題を考えると思った以上に重大な問題です。

水野　そうなんです。中国人民元が自由化されたときに財政赤字が相変わらず巨額であれば、キャピタルフライトが起きて、金利が上がり、もっと円安になりますよ。

そして、円安は輸入インフレをひき起こしますよね。海外からの資源の調達費が高くなって、いくら稼いでも所得は上がらなくなってしまうということです。それが一番怖いんじゃないでしょうか。金利だけは上がっていきますから、利払い費はどんどん増える。外国人が国債の利払いを受けとる割合が高くなるので、所得の海外流出がおきます。企業の利払い費も増え、政府の利払い費も増えるということで、円安と金利上昇がワンセットですすんでいきます。しかも、交易条件の悪化で日本の所得が減少しますから、企業は海外生産を高めます。

萱野 インフレ待望論が根強いですが、一歩まちがえれば……。

水野 円安は輸入インフレをつうじて所得減をもたらすので、生活水準を引き下げるだけです。想定しているような望ましい円安や望ましいインフレ、すなわち所得の増加につながるような事態になるという保証はどこにもないんです。

萱野 ということは、金融危機が収束して以降、アメリカもEUも自国通貨の引き下げ競争を激化させていますが、あまりそれに振り回されないほうがいいということですね。逆に、この自国通貨引き下げは、まさに金融経済の失敗から実物経済へのゆり戻しが起きていることのあらわれだと考えるべきでしょう。

水野 まさにそうだと思います。いまやアメリカですら新興国への輸出によって自国経済をもたせようとしていますから。

さらにいえば、以前はアメリカの巨額の財政赤字をファイナンスしていたのは、ほぼ一〇〇パーセント海外資本でした。しかしリーマン・ショック以降、三分の二が国内資本に変わってきている。つまり、ドル高政策によって海外資本をひきつける必要がなくなったのです。

萱野　そういった意味でもアメリカの「日本化」がすすんでいるわけですね。

水野　はい。ただ、ドルは資源取引における基軸通貨ですから、アメリカが資源を輸入するときにはドル安の影響はほとんどないのです。

萱野　そこが日本とは違うと。つまり日本が自国通貨の引き下げ競争に参戦する必要はないということですね。

▼低成長時代の制度設計

萱野　では財政赤字を減らすにはどこに手をつけていけばよいでしょうか。たとえば公共投資はすでに削れるところまで削っています。これ以上削ったら、そもそも雇用も維持できないし、国土の維持もできなくなります。公務員人件費の削減だって、日本はすでにO

ＥＣＤ加盟国のなかでもっとも「小さな政府」のひとつになっています。そうなると、ありうるオプションは増税と社会保障費の削減ぐらいしかないでしょう。

水野　いま国債の新規発行額は四四兆円ぐらいです。そのうち一六・八兆円は民主党のマニフェストどおり予算の見直しで削減できるとしても、その削減した分は子ども手当など新しい歳出のための組み換えですので、財政は健全化しません。中央政府の歳出は一〇年度で九二兆円です。そのうち、自由裁量がきかない国債費と地方交付税交付金をあわせると三八兆円です。一方、税収は三七兆円ですので、社会保障や行政サービスの対価については一銭も払っていないことになります。

萱野　そうなると、増税したり、社会保障の一律サービスなどを見直したりすることで、経済成長前提でやってきた負の遺産を何とか後世に残さないようにしていくしかないわけですよね。それこそ日本経済にとって緊急の課題です。

ただ、さきほども述べたように、社会保障費を削減するというのはひじょうに困難です。多くの人は、財政的なリソースがどこかにあるだろうとか、経済のパイはいずれ拡大していくだろうと漠然と思い込んでいますから。結局、成長モデルから抜け出せていないんです。しかし、そうした経済成長前提の思い込みから脱却しなければ、財政赤字の問題はけっして解決しないでしょう。

水野　そこがスタート地点ですね。日本がおかれた歴史的状況を考えると、実質ＧＤＰで一～二％成長できればひじょうによいということです。ＧＤＰデフレーターの下落を考えると、名目ＧＤＰではほとんどゼロないし、ほんのちょっとプラスということですね。

こうした低成長のもとでは、おそらく現行の税体系を変えなければ税収は四〇兆円台でしょう。その一方で、歳出のほうは、利払いと社会保障費の自然増で拡大しつづけるわけですから、そのままではいつまでたっても財政再建できません。ですから、税収が一定値であることを前提にして、歳出も一定値におさまるようにする。そして歳出を一定値におさえたあと、それでも初期値の財政赤字があるわけですから、その財政赤字は消費税なり何なりの増税で埋めていき、埋め合わせたらこれ以上は増税しませんということを提示する。とにかくまずは、歳入が伸びないことを前提にこういう予算編成でやっていきますよというすがたを提示するのが先決だと思います。

ただし、過去のバブルのツケを消費税で払うというのには大きな問題があります。バブルで踊った人と今後そのツケを払う人が違ってくるからです。本来は、消費税は目的税化して高齢化にともなう社会保障費にあてるべきだと思います。やはり、子ども手当などの新しい政策を実施するのに必要な額以上に、歳出を削減することが必要だと思います。

▼規制が新しいマーケットを創出する

萱野　ただ、財政赤字の問題がいくら重要だとしても、結論が「低成長の現実を直視して財政再建にいそしむ」ということだけではちょっと寂しいですよね。ですのでここでは、市場が飽和化してしまった低成長時代においてなおどのような経済戦略がありうるのか、ということを議論したいと思います。

議論の入り口として、環境規制と経済との関係をとりあげたいと思います。最近の先進国ではどこも環境規制が厳しくなり、それをクリアしないとそもそも市場に参入できないようになっていますよね。環境そのものが産業化され、よりすすんだ環境対策の技術をもったところが利益を得たり、市場で優位にたてるという状況になっている。

こうした市場のあり方は、これまでの市場のあり方とはかなり異質です。これまでは人びとの欲望を刺激して需要を拡大していくというのが市場のあり方でした。これに対し現在は、環境規制そのものが市場をつくりだしている。かつてなら経済活動を阻害するものと考えられてきた規制が、逆に技術の市場価値を高めたり、新しい産業を育成したりするビジネスチャンスに変わってきたのです。

水野　自由競争とは逆向きですよね。

萱野　そうなんです。これまでは国家の規制と市場における経済活動は対立するものだと考えられてきました。少しまえの、規制緩和を求める新自由主義者たちはそうした考えの最後の担い手ですね。

しかし今後、環境の産業化がすすめば、こうした市場と規制の関係は大きく変わることになるでしょう。規制こそが市場をつくりだし、新しい利潤をうみだす回路になっていくのです。これからは産業界のほうから規制強化を求めるようなことだってあるかもしれません。環境規制がなくなれば、それまでの環境技術への投資が無駄になってしまいますから。

こうした特徴はおそらく、市場が飽和化した低成長時代における新しい市場のあり方になっていくでしょう。さまざまな消費財があらゆる領域へと浸透してしまった低成長社会では、欲望を刺激することではもはやなかなか市場は拡大しません。欲望の自由な展開という、八〇年代から九〇年代にはやったポストモダン的なスローガンは過去のものになったということですね。これからは逆に、何らかの規制によって付加価値をつけた市場を創設していくことが重要な経済的営為になっていくでしょう。そこでは、規制をいかに市場における価値創出や利潤獲得のための因子として活用できるかが、新しい経済戦略になっていくのです。

日本経済を振り返っても、一九七〇年代以降、先進国全体が低成長社会になっていくなかで日本だけが比較的パフォーマンスがよかったのは、省エネ技術をいち早く経済のなかに組み込むことができたからですよね。

水野　七〇年代のマスキー法がまさにそうですね。ひじょうに厳しい排ガス規制を定めた法律ですが、アメリカでは当初の目標からかなり後退して実施されたのに対して、日本では目標どおりの規制が実施されました。そのことで省エネ技術がずいぶん進歩しましたからね。

萱野　すでにその時点で日本の自動車産業はマスキー法の排ガス規制をクリアするような技術をもっていたんですよね。でもそれまでは、その技術に市場価値を与えてくれるような回路がなかったので表にはでてこなかった。マスキー法という規制がそうした回路をつくりだしたんです。

こうした事態を考えると、国家による規制と市場での競争との関係を問い直すことが、おそらく低成長時代における経済戦略を考えるときのひとつの切り口になると思われるのです。

水野　そうですね。オイル・ショックを経ても日本の自動車産業が強かったのは、高騰した原油価格を省エネ技術によって実質的に安い水準におさえることができたからです。原油価格は第一次オイル・ショックで一バレル三ドルから一二ドルに上がり、第二次オイル・ショックで四〇ドルに上がっていくんですけれど、日本はコストの上昇分を販売価格にある程度転嫁できたうえに、省エネ技術によって相対的には一バレル三ドルよりも安い石油を手にすることができました。一方、アメリカは小型車の開発に乗り遅れてそれができなかった。アメリカの自動車産業はそれによってどんどん衰退していきました。

もちろん現在は一バレル一〇〇ドルにまで原油価格が上がっていますので、さすがに省エネ技術でも対応しきれません。しかしこうした資源価格の高騰が日本の低成長や所得移転の背景にあることを考えると、環境規制によって技術の市場価値を高め、新しい利益の領域をつくりだしていくことは必須の課題なんだと思います。たとえばここまで原油価格が高騰してしまうと、環境規制によってどこまで脱化石燃料の市場分野を創出できるかというのは、不可避的に今後の鍵となってくるでしょう。

先進国ではゼロ成長が常態だとしても、今後世界的にも規制強化されてくる環境の分野でアドバンテージをもつことができれば、それによってプラスアルファの利潤を獲得することができるでしょうから、そういう点でも環境規制による産業の育成は重要だといえますよね。

▼知を活かす知的戦略の重要性

萱野　規制によって市場価値を創出したり、利潤が生まれる回路を設定したりすることは、私たちがずっと議論してきたルール策定の問題にもかかわってきます。環境規制もルールのひとつですからね。たぶんそれは今後の世界のなかでもっとも大きなルールのひとつになっていくでしょう。そのルール策定をどのようにおこなっていくかによって、環境規制が日本経済にとってどこまで有利でどこまで不利なのかも決まってくると思います。

たとえば現在、温室効果ガスの排出量取引市場の設置においてはEUが一歩も二歩も先んじています。もちろんそこには、地球温暖化を少しでも止めなくてはならないという理念も働いてはいるんですが、その一方で、新しいルール策定を自分たちが世界に先んじておこなうことで、自分たちに有利な市場の枠組みを設定し利益を誘導しよう、という意図も強烈に込められています。事実、EUのなかでもとくにさきがけて排出量取引のマーケットを創設したイギリスは、関連産業の育成も含めて、すでに他国の追随を許さないほどこの分野では先端的な地位を獲得しています。やっぱりそこには、資本主義五〇〇年の歴史のなかで世界のルールを確立してきたヨーロッパの伝統があるんですね。

水野　かつてイギリスが海という空間のもとで自由主義のルールを掲げたのと同じようなことが、現在は環境規制というルールをめぐってなされようとしているんですね。

萱野　はい。われわれはルール策定がいかに富をもたらすのかという資本主義の基本に立ち返るべきなんですよ。ちょうど環境規制が特定の技術に市場価値をあたえるように、市場のルールというのは技術なり知識なりを活かす知的フレームのことにほかなりません。そうしたいわば「知を活かす知の戦略」の重要性にわれわれはもっと敏感にならなくてはなりません。

水野　規制を撤廃すれば市場は盛り上がっていくはずだという新自由主義的な発想とは逆の発想が必要となるんですね。

萱野　そうなんです。かつてイギリスやアメリカが自由主義経済のルールを掲げたときですら、それは彼らのヘゲモニーを支えるための戦略だったということを再確認しなくてはなりません。規制緩和一辺倒の、いわゆる新自由主義的な発想は、そうした戦略を字義どおり真に受けてしまったものなのです。

▼低成長時代における国家の役割

水野　そうなると低成長時代においては国家の役割もまた変わってきますよね。

萱野　そうですね。これまでは国民経済のもとで公共投資によって需要を喚起することが、資本主義における国家の役割でした。しかしこれからは、規制によって市場を新たに創出するという役割が国家に求められるようになるでしょう。もちろん公共投資によって社会の総需要をささえていくことがまったく不要になるわけではないでしょうが、規制による新たな市場価値の創出はそれとはまったく違うものです。

このことは、環境規制による市場の創出ということだけにとどまりません。たとえばフランスのシャンパンは世界的なブランド力をもった発泡ワインですが、これはフランス政府による厳しい規制とコントロールがあってこそなりたっているものです。われわれはもっと規制による付加価値の創出ということについて頭をひねるべきでしょう。

水野　そう思います。飽和化してしまった市場で新しい付加価値をどうつくりだしていくのかは、日本経済の国際競争力という点からいってもひじょうに重要な課題になっていくと思います。いまは新興国による技術のキャッチアップがものすごく激しいですから、技術の改善以上の付加価値の部分で新しいものをつくっていくことがやはり必要です。ただそのときには、市場の論理だけではどうしても限界があるということですね。

萱野　この点からいうと、国家の役割は今後、これまでの開発独裁だとか国家独占資本主義のようなものとは違った意味で強くなっていくのではないでしょうか。たしかに、国民経済のもとで公共投資などをつうじて利潤を拡大していくようなかたちでは、国家の役割は縮小していくかもしれません。しかしそれは市場そのものが国家の力を必要としなくなるということとはまったく違います。

ただしこの場合、規制をつうじた国家の役割が強くなる一方で、国家の境界はあいまいになっていくと思います。

水野　なるほど、ひじょうに面白い視点ですね。

萱野　たとえばEUの環境規制をみると、国家だけでなくNGOや経済団体など、いろいろなエージェントが集まってルール策定をしています。国家だけがルール策定の主体ではないんですね。だから、規制やルールにおける合法性の最終的な源泉はあくまでも国家でありつづけるんですが、ルール策定の過程にさまざまなエージェントやオピニオンがかかわるようになるという点では、国家の境界はあいまいになっていくのです。したがって逆説的なのですが、国家は市場に対して新しい役割を担っていくという点では強くなっていくと同時に、ルール策定におけるエージェントとしては境界があいまいになっていくのです。

▼規制による豊かさの実現

水野　規制という点でいうと、ちょっと話は飛躍しますが、今後の世界経済にとって余剰資本をどうやってコントロールしていくかということはひじょうに重要な課題になるのではないでしょうか。というのも、二〇〇八年の金融危機までのバブルによって莫大な金融資本が蓄積されましたが、それは低成長時代にも残って、放っておくとまたバブルをひき起こしかねませんから。

萱野　ふたたびバブルがひき起こされて世界経済が壊滅的にならないためには、蓄積された金融資本を別のしかたで活用できるようなしくみが必要ですね。

水野　私は、トービン税のような、国際的な金融取引に課税するしくみがいいと思っています。いまの資本はじつに流動的で、いわば滞在期間が極端に短い。だからトービン税のようなしくみをつくって、余剰のマネーにはおとなしくしてもらう。そこで徴収した税金は、アフリカなどの食料危機が起こっている地域、あるいはエネルギーが高騰して生活が苦しくなっている地域にちゃんと還元する。そういうかたちで余剰資本を活用すべきだと思うのです。

萱野　その場合は超国家的な徴税機関が必要になってきますよね。

水野　そうですね。いまG20で世界のGDPの八割といわれていますから、少なくともそのレベルで団結する必要はありますね。

萱野　そのためにはG20の新興国がある程度のところまで成長を達成することが必要でしょうね。おそらく一人あたりGDPが二万ドルぐらいまでいってくれないと、なかなか議論は展開しないでしょう。

水野　新興国の一人あたりGDPが二万ドルになると、日本やアメリカは四万ドルですから、内外格差は一対二になりますよね。じつは大航海時代のグローバル化のときも内外格差は一対二でした。当時、先進国のイタリアとスペインを一〇〇とすると、イギリスやオランダが五〇になってきたあたりでちょうどウェストファリア条約（一六四八年）が締結されます。つまり、一対二になったところで新しい国際的な協調体制が生まれたということです。

おそらく新興国が一対二まで追いついてくると、先進国は競っても追い越されてしまうから妥協策を探ろうとする。一方で追いかけるほうは、そのラインまでくるとあともうちょっとがんばれば追いつけると思いますから、先進国と同じ土俵にたてるんです。

萱野　中国の一人あたりＧＤＰが二万ドルに達したら、共産党の独裁体制は崩壊しますね。ＧＤＰの民主化ラインというのがあって、そのラインを超えると民主化運動が起こるといわれています。

水野　それは二万ドル以下なんですよね。

萱野　もっと低いです。三〇〇〇ドルとかそれぐらいのレベルです。韓国がまさにその典型で、八〇年代にそのラインを超えて民主化運動が起こって、最終的には軍事独裁体制がつぶれました。中国もすでにそのラインは超えました。おそらくその最初の民主化運動は、何年かまえの日本バッシングのデモでした。あれはじつは日本バッシングの名を借りた民主化要求だったと考える専門家はけっこう多いんですよ。日本バッシングをしながらじつは中国政府を批判するものでしたからね。中国では天安門事件の記憶があるから直接的な民主化運動はなかなかできません。だからそれが日本バッシングによる政府批判にかたちを変えたんですね。

水野　いま中国の一人あたりGDPは四〇〇〇～五〇〇〇ドルですが、おそらく一〇年から一五年後には、日本の半分ぐらいになっているんじゃないでしょうか。

萱野　そのころには世界資本主義そのものが成長基調ではなくなり、G20のレベルでも国際的な徴税協力の可能性が開けているかもしれません。

　考えてみれば、環境規制による市場の創出が低成長社会における豊かさの実現になっているのと同様に、トービン税も規制をつうじた豊かさの実現をめざすものですね。

水野　たしかにそうですね。近代社会というのは膨張の時代だということを考えるなら、低成長社会ではいかに膨張しないで豊かでいられるかを考えるしかありません。そのためには自由主義ではなく規制によって市場を豊かにしていくという方向になるのでしょう。

萱野　これまで議論してきたように、世界資本主義はいま大きな転換期を迎えています。そんななか、低成長社会の課題にまっさきに直面している日本は、想像力と知性を動員することで、新しい市場のかたち、経済のかたちを、それこそ世界にさきがけてつくりだしていくべき立場にあるのだと思います。

対談を終えて

「歴史の峠」に立っているという認識を

水野和夫

この対談でも再三にわたって語ったように、五〇〇年におよぶ近代資本主義を駆動させてきた諸条件は、現在、急速に失効しつつある。交易条件しかり、海外市場の開拓しかり、人口増加しかり。そしてこれらのことは、決して一過性の問題ではなく、中世封建社会の崩壊と匹敵するような局面にわれわれは立たされているというのが、萱野さんと私とのあいだの共通した認識だと思う。

このような時代の転換点において、近代資本主義の枠内だけの道具では、問題を解決することは不可能だろう。デフレという問題ひとつをとっても、お金を刷れば一挙解決といった処方箋は、グローバル化した経済を見誤っている典型のように思われる。

本書は、近代の勃興期までさかのぼって資本主義の正体を明らかにすると同時に、その臨界点を見定め、われわれが「歴史の峠」にいま、立たされていることを強く意識しながら、今後の世界経済の行方について展望したものだ。

　直近ではアメリカの金融帝国化とその終焉が示しているように、世界経済は「国家」の政治的な力学抜きで語ることはできない。それは資本主義の歴史を、スペイン、オランダ、イギリス、アメリカというヘゲモニー国の存在抜きに考察することができないことからも明らかだろう。

　そして現在は、グローバル化した経済のもとで、新たな「国家」が世界経済の表舞台に登場し、旧来の先進国だけで描いてきた経済地図をあっという間に塗り替えようとしている。ＢＲＩＣｓなど新興国が、これまでの先進国並みの資源を必要とすることを考えれば、当然のことながら資源価格は高騰し、先進国の経済は低成長時代に入らざるをえない。日本は、近代化を猛スピードで達成してきた分、バブルの崩壊や長期デフレなど、低成長時代の課題にもいち早く直面することになった。

　したがって、低成長時代の経済政策や社会保障政策など、日本が直面している課題への取り組みは、世界経済が新たな時代へとソフトランディングするための重要な先行事例になるにちがいない。

さらにいえば、日本が他国よりも先につぎの時代に足を踏み入れているという先行性のメリットを活かし、新しい時代にむけた制度設計ができるかどうかが、この国の将来を決めることになると考えている。

こうしたときに、国家と社会の構造を原理的にとことん探究してきた哲学者と対話をする機会を得られたのは、実に貴重なことだった。萱野さんの国家をめぐる考察には、私が『人々はなぜグローバル経済の本質を見誤るのか』を執筆していたころに出会い、刺激を受けてきたのだが、実際にはリーマン・ショックの直後に、集英社新書編集部の服部祐佳氏の仲介によってお会いすることになった。その後は少人数の研究会の場で討議をしたり、ふたりの母校である早稲田大学近くの懐かしい喫茶店で話をしたりなど、さまざまな形式で議論を重ねてきた。

萱野さんはお会いするたび、つねにスリリングな論点を導き出し、議論に幅と深みをもたらしてくださった。また哲学や政治に素人の私の疑問に対して、丁寧にしかもわかりやすく、そしてひとつの疑問に一〇倍くらいのヒントを与えてくださった。萱野さんには心からの感謝を申し上げたい。

萱野さんとの対談を終えて、二一世紀のグローバル化は、単一の原因ではなく複数の要因が複雑にからみ合っておきているのだから、経済学だけでは手に負えないことを以前にもまして感じている。今後、哲学、政治、文化などまで関心を広げ、他の分野の研究者と活発な議論をする必要性を痛感した。

なお本書で使った統計データは三菱ＵＦＪモルガン・スタンレー証券からお借りした。本書の校了間際に期せずしてこの会社を退職することになったのだが、快く使用を認めてくださったお礼を申し上げたい。

経済学的常識への挑戦

萱野稔人

本書の対談のなかで水野さんはこんなことを言っている。自分はリフレ派の経済学者やエコノミストたちから、経済学がわかっていないとけちょんけちょんに批判されている、と。

私もそのような批判を聞かないわけではない。

とはいえ、それらの批判はまったく的外れだと思う。

リフレ派にかぎらず多くの経済学者やエコノミストたちは、取り扱うべき経済現象をモデル化可能な範囲に限定し、その枠組みのなかで理論の完成度やモデルの精緻化を競っている。経済現象をモデル化可能な範囲に限定すれば、それをきれいに法則化できるのは当然のことだ。しかし、いまやそのモデル化可能と思われてきた枠組みそのものが崩壊しつつある。これまでの経済の常識が通用しなくなったのはそのためだ。水野さんのまなざしは、その常識が通用しなくなった地点にこそ注がれているのである。

私たちはこの対談のなかで、なぜこれまでの経済学的な常識が通用しなくなったのか、それはどのような歴史的構造変化を背景としているのかを議論してきた。そうした議論は必然的に従来のマクロ経済学の枠を超えていかざるをえない。本書のタイトル「超マクロ展望」はここから来ている。私たちの議論がなぜ通常の経済論議をはみだして哲学や政治理論をも参照しているのかといえば、それはそのような時代に私たちが直面しているからにほかならない。

私たちが本書に収められた対談をはじめたのは、いまだリーマン・ショックによる混乱が鎮まっていなかった二〇〇九年初頭のことである。

この時点ですでに、水野さんは『金融大崩壊』を、私は経済学者の本山美彦氏との共著『金融危機の資本論』をそれぞれ上梓し、金融危機とは何か、それはどのような背景から生じたのか、ということを考察していた。しかし水野さんも私も、金融危機をさらに大きな歴史のなかに位置づけ、今後の世界を見通すことができるような考察をあらためておこなっていく必要性を感じていた。そこで、互いの専門分野を超えて議論しようということになり、本書が生まれたのである。

二〇〇九年初頭から二〇一〇年夏まで、私たちはおよそ一年半にわたって議論を重ねてきた。フランクな意見交換から聴衆を前にした公開対談まで、さまざまな形態で議論がなされ、気がつけばその回数は一〇回近くにのぼっていた（そのなかの二回は、朝日カルチャーセンター新宿校での対談講座である）。

水野さんとの対話はいつも知的刺激に満ちたものだった。とりわけ印象深かったのが、水野さんの歴史への意志だ。水野さんは現在の経済分析をいかに歴史的にみるかということをつねに重視していた。それをしなければ現在のわれわれが置かれた状況を十全に認識することはできない、という強い意識が水野さんのなかにはある。これはエコノミストとしてひじょうに稀有な態度だと思う。その態度によって私の議論は大いに触発された。長い時間をかけて貴重な議論をしてくださった水野さんに心から感謝を申し上げたい。

この間、世界の動きはあたかも私たちの議論の妥当性を立証するかのように進展した。その最たるものが先進国の状況である。金融危機後のアメリカやEU諸国は、まさにバブル経済が崩壊したあとの日本と同じような道をたどり、世界資本主義の中心国が置かれた歴史的状況がどのようなものであるかをまざまざと私たちに見せつけた。デフレの進行はそのひとつの現象にほかならない。

いまの日本の経済状況は、近視眼的な認識にもとづく小手先の経済財政政策では対応できないほど大きな歴史的転換のもとにある。それを乗り切るためには、これまでのマクロ経済学を超えるもっと大きな理論的展望が必要だ。本書がその一助となればと思う。

本書の編集を担当してくださったのは集英社新書編集部の服部祐佳氏である。服部氏には、本書の企画から対談の準備、校正までのすべての過程で、きめ細やかな配慮や的確な提言を数え切れないほどいただいた。服部氏がいなければ、私たちは対談をまとめることなど絶対にできなかっただろう。心よりお礼申し上げたい。

また、斎藤哲也氏には、対談を原稿にまとめていく作業でひとかたならぬご協力をいただいた。おそらくその作業は斎藤氏でなければ不可能なことだった。困難な作業を快く引き受けてくださった斎藤氏に改めて感謝したい。

参考文献

水野和夫『100年デフレ―21世紀はバブル多発型物価下落の時代』日本経済新聞社、二〇〇三年
水野和夫『人々はなぜグローバル経済の本質を見誤るのか』日本経済新聞出版社、二〇〇七年
水野和夫『金融大崩壊―「アメリカ金融帝国」の終焉』日本放送出版協会、二〇〇八年
萱野稔人『国家とはなにか』以文社、二〇〇五年
萱野稔人『カネと暴力の系譜学』河出書房新社、二〇〇六年
萱野稔人、本山美彦『金融危機の資本論―グローバリゼーション以降、世界はどうなるのか』青土社、二〇〇八年
フェルナン・ブローデル、浜名優美訳『地中海Ⅰ 環境の役割』藤原書店、二〇〇四年
フェルナン・ブローデル、浜名優美訳『地中海Ⅱ 集団の運命と全体の動き1』藤原書店、二〇〇四年
フェルナン・ブローデル、浜名優美訳『地中海Ⅲ 集団の運命と全体の動き2』藤原書店、二〇〇四年
イマニュエル・ウォーラーステイン、川北稔訳『史的システムとしての資本主義』岩波書店、一九九七年
カール・シュミット、新田邦夫訳『大地のノモス―ヨーロッパ公法という国際法における』慈学社出版、二〇〇七年
カール・シュミット、生松敬三・前野光弘訳『陸と海と』福村出版、一九七一年
エマニュエル・トッド、石崎晴己訳『帝国以後―アメリカ・システムの崩壊』藤原書店、二〇〇三年
ジョヴァンニ・アリギ、土佐弘之監訳『長い20世紀―資本、権力、そして現代の系譜』作品社、二〇〇九

年
ジル・ドゥルーズ、フェリックス・ガタリ、宇野邦一ほか訳『千のプラトー――資本主義と分裂症』河出書房新社、一九九四年
ベネディクト・アンダーソン、白石さや・白石隆訳『増補　想像の共同体――ナショナリズムの起源と流行』NTT出版、一九九七年
岩井克人『ヴェニスの商人の資本論』筑摩書房、一九八五年
ヴェルナー・ゾンバルト、金森誠也訳『戦争と資本主義』論創社、一九九六年
イマニュエル・ウォーラーステイン、川北稔訳『近代世界システムI――農業資本主義と「ヨーロッパ世界経済」の成立1』岩波書店、一九八一年
イマニュエル・ウォーラーステイン、川北稔訳『近代世界システムII――農業資本主義と「ヨーロッパ世界経済」の成立2』岩波書店、一九八一年
イマニュエル・ウォーラーステイン、川北稔訳『近代世界システム1600～1750――重商主義と「ヨーロッパ世界経済」の凝集』名古屋大学出版会、一九九三年
ジル・ドゥルーズ、稲村真実ほか訳『無人島1969－1974』河出書房新社、二〇〇三年
ノルベルト・エリアス、赤井慧爾ほか訳『文明化の過程・上――ヨーロッパ上流階層の風俗の変遷』法政大学出版局、二〇〇四年
ノルベルト・エリアス、波田節夫ほか訳『文明化の過程・下――社会の変遷／文明化の理論のための見取図』法政大学出版局、二〇〇四年

谷口智彦『通貨燃ゆ―円・元・ドル・ユーロの同時代史』日本経済新聞社、二〇〇五年
孫崎享『日米同盟の正体―迷走する安全保障』講談社現代新書、二〇〇九年
ロナルド・マッキノン、大野健一訳『ドルと円―日米通商摩擦と為替レートの政治経済学』日本経済新聞社、一九九八年
Martin Feldstein, Charles Horioka, "Domestic Saving and International Capital Flows", *The Economic Journal*, Vol.90, Issue358, pp.314-329, 1980

水野和夫（みずの　かずお）

一九五三年生まれ。埼玉大学大学院経済科学研究科客員教授。元三菱UFJモルガン・スタンレー証券チーフエコノミスト。早稲田大学大学院修士課程経済研究科修了。著書に『人々はなぜグローバル経済の本質を見誤るのか』など。

萱野稔人（かやの　としひと）

一九七〇年生まれ。津田塾大学国際関係学科准教授。哲学博士。パリ第十大学大学院博士課程哲学科修了。著書に『国家とはなにか』『カネと暴力の系譜学』など。

超《ちょう》マクロ展望《てんぼう》　世界経済《せかいけいざい》の真実《しんじつ》

二〇一〇年一一月二二日　第一刷発行　　集英社新書〇五六八A

著者……水野和夫《みずのかずお》／萱野稔人《かやのとしひと》

発行者……館　孝太郎

発行所……株式会社集英社

東京都千代田区一ツ橋二-五-一〇　郵便番号一〇一-八〇五〇

電話　〇三-三二三〇-六三九一(編集部)
　　　〇三-三二三〇-六三九三(販売部)
　　　〇三-三二三〇-六〇八〇(読者係)

装幀……原　研哉

印刷所……凸版印刷株式会社

製本所……加藤製本株式会社

定価はカバーに表示してあります。

 ISBN 978-4-08-720568-8 C0233

Printed in Japan

a pilot of wisdom